Karin Breyer

Wandern mit dem GA und dem Halbtaxabonnement

Band 4: Frühlingswanderungen

Friedrich Reinhardt Verlag

Alle Rechte vorbehalten
© 2012 Friedrich Reinhardt Verlag, Basel
Projektleitung: Beatrice Rubin
Druck: Reinhardt Druck, Basel
ISBN 978-3-7245-1855-6

www.reinhardt.ch

Inhalt

	Vorwort	7
	Übersichtskarte	8
1	Geheimnisvoller Doubs	10
2	Osterglockenläuten auf dem Spitzberg	20
3	Frühlingserwachen in den Freibergen	28
4	Goldgelbe Sterne am Rebhang	35
5	Eintauchen ins Grenzland	41
6	Frühlingslockruf Sunnenberg	47
7	Sonnige Aussichten am Belpberg	54
8	Luzernerland aus der Vogelperspektive	61
9	Auf den Spuren des Mystikers Bruder Klaus	67
10	Auf leisen Moorpfaden nach Küssnacht	76
11	Zum Tulpenfest nach Morges	83
12	Maischnee oberhalb des Genfersees	91
13	Zu den kleinen Sonnen im Unterwallis	98
14	Hinauf nach Eischoll, zu den Lichtblumen	106
15	Ins smaragdgrüne Herz des Tessins	115
16	Zu den Monti von Gambarogno	124
17	Am Tor zum Maggiatal	132
18	Entlang den Ufern der Thur zur Naturoase Husemersee	140
19	Blueschtwandern in Mostindien	147
20	Durchs malerische Seebachtal zur Kartause Ittingen	153
	Autorin/Fotonachweis	162

Vorwort

Im Frühling zeigt sich die Natur von ihrer buntesten Seite. Neues Leben bricht sich Bahn, wohin man schaut, unaufhaltsam spriesst und blüht und grünt es. Und man verspürt richtig Lust, die Wanderschuhe zu schnüren und sich auf den Weg zu machen in die prachtvolle Natur. Die hier vorgestellten 20 Frühlingstouren inspirieren, die neu erwachende Natur zu entdecken (reine Wanderzeit: 2,5–4 Stunden).
Erleben Sie den Lenz im Tessin: über dem tiefblauen Lago Maggiore oder im wilden Verzascatal auf dem «Weg der Kunst»; blumige Höhepunkte gibts dann im Kamelienpark in Locarno oder im botanischen Garten in Gambarogno, wo Sie eintauchen in ein Blütenmeer aus Magnolien, Kamelien, Azaleen. Ebenso lockt der Jura, wo die sicheren Frühlingsboten, die Osterglocken, einen zauberhaften gelben Teppich auslegen: auf dem Spitzberg und in den Freibergen. Der Frühling im Wallis lässt sich herrlich geniessen auf dem Adonisweg nach Martigny, entlang alter Suonen (Wasserleitungen). Oder Sie gondeln hoch nach Eischoll, fantastisch über dem Rhonetal gelegen, zu den seltenen Lichtblumen. Wer es gemütlich liebt, flaniert entlang des Genfersees – dort kehren nach langen Wintertagen die Lebensgeister unverhohlen wieder zurück. Oder wie wäre es, mit dem Sternenzug den Maischnee zu bestaunen, hoch über Montreux? Blühendes Leben kommt Ihnen auch entgegen auf stillen Wegen im Baselland, so in Liesberg, Oberwil, im Fricktal sowie in der sonnenverwöhnten Region um Luzern. Blueschtwandern in Mostindien (Thurgau) – welch Augenweide. Den Frühling einläuten an den Gestaden der Thur oder im malerischen Seebachtal ist ebenso verführerisch.
Alle Wanderorte sind mit öffentlichen Verkehrsmitteln hervorragend zu erreichen.

Frühlingszeit ist Wanderzeit! In diesem Sinne, viel Freude, Erholung und Inspiration auf den Wegen.

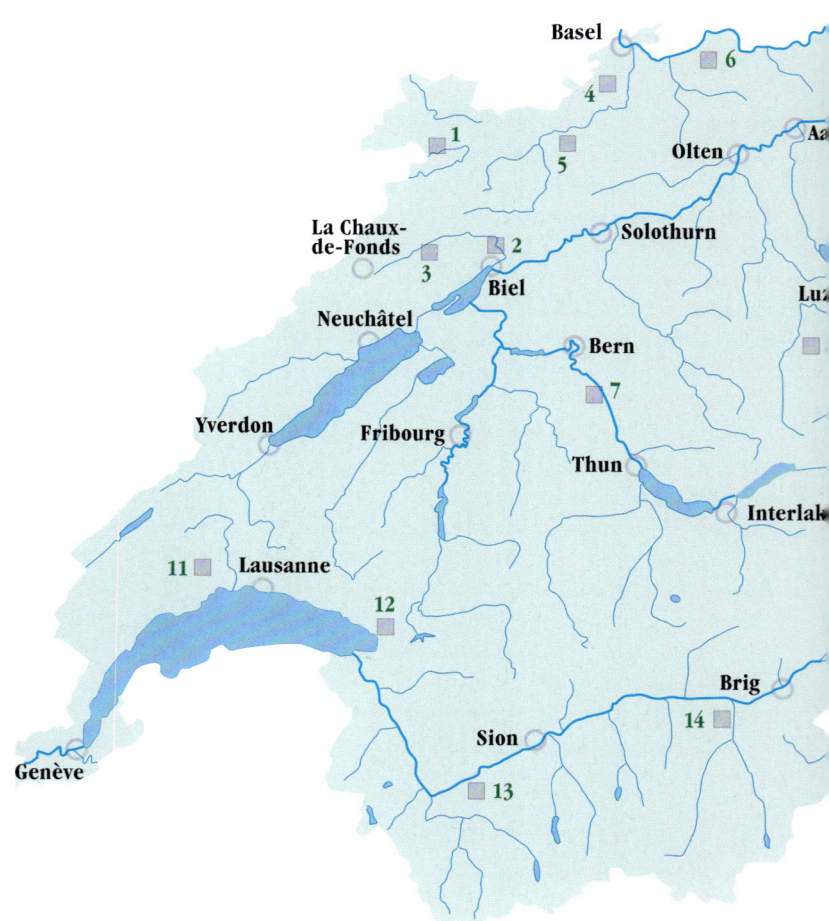

Übersichtskarte **9**

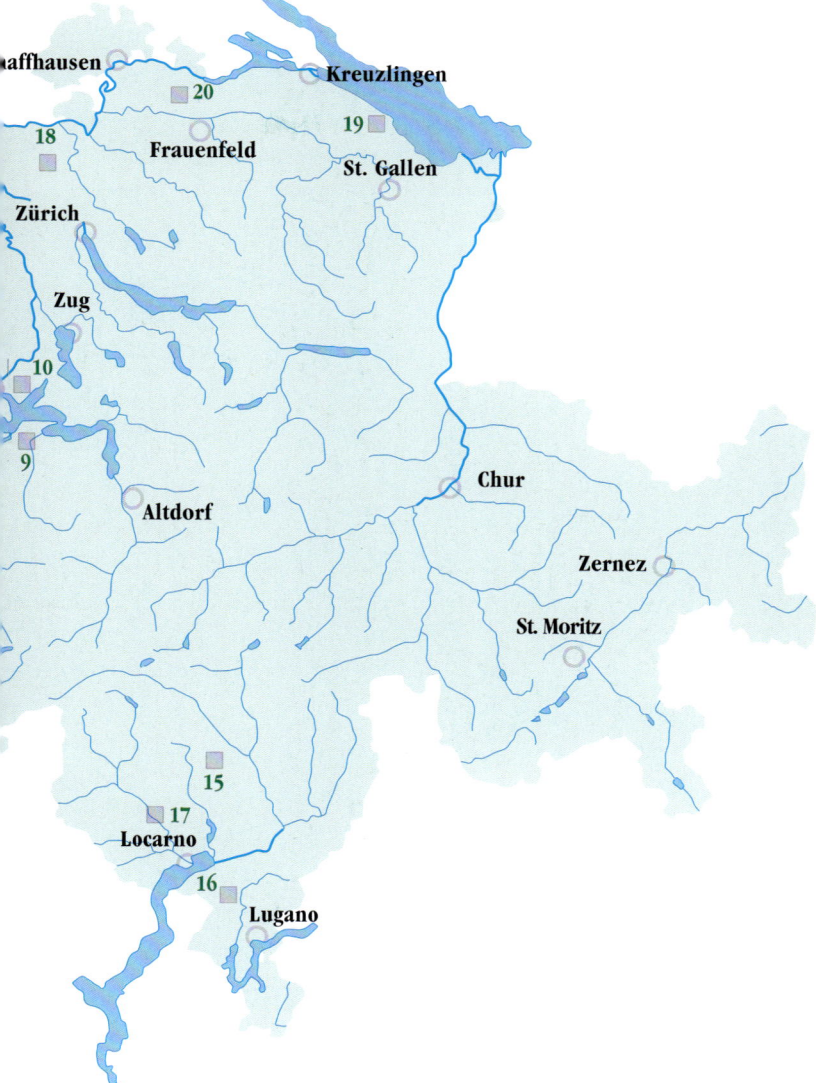

1 Geheimnisvoller Doubs

Besuch der Einsiedlergrotte und Flanieren durch das malerische Städtchen St-Ursanne – entlang den Ufern des Doubs wandern, auf wildromantischen Pfaden, völlig abgeschieden und naturbelassen – Finale in Soubey: Besuch der alten Mühle und der Glasfenster von Coghuf

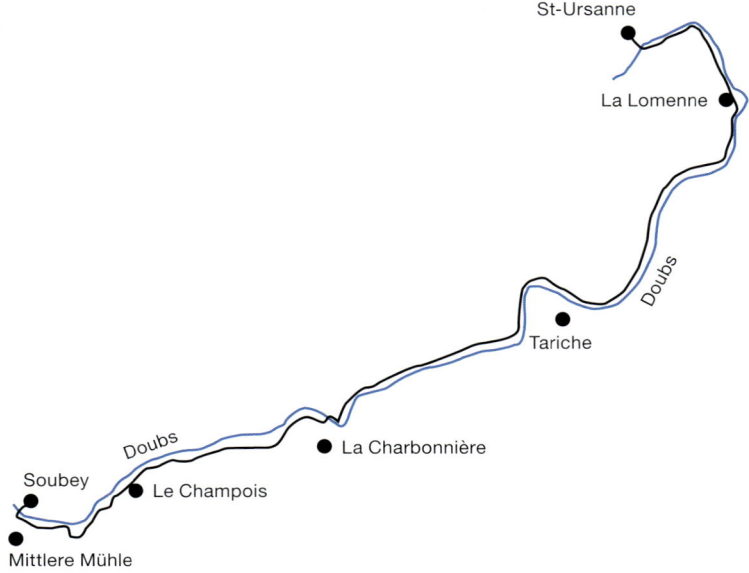

Route: St-Ursanne (438 m ü. M.) – La Lomenne (439 m ü. M.) – Tariche (446 m ü. M.) – Passerelle de La Charbonnière (455 m ü. M.) – Le Champois (476 m ü. M.) – Soubey (476 m ü. M.)

Wanderzeit: 4 Std.

Wegstrecke: 15 km

Anreise: Mit dem Zug von Basel via Glovelier nach St-Ursanne

Rückreise: Von «Soubey garage» bzw. «Soubey ville» mit dem Postauto nach St-Ursanne, weiter mit dem Zug nach Basel

Auf dem Gratweg zur Eremitage
Herrlich, wie der kleine Bahnhof St-Ursanne an senkrechten Jurafelsen «hängt», hoch über dem malerischen Doubstal und mittelalterlichen Städtchen. Gleich zu Beginn verrät eine Tafel, dass ein irländischer Mönch, der heilige Ursinicus, Namensgeber dieses zauberhaften Fleckens sein soll. Anfang des 7. Jahrhunderts liess er sich am Doubsufer nieder und lebte asketisch in einer Grotte. Es heisst, dass ihm ein Bär regelmässig Wurzeln und Kräuter brachte – daher der Name Ursinicus, von Bär abgeleitet. Um ihn herum entstand einige Jahre später eine Mönchsgemeinschaft, er verkündete das Evangelium. Im Jahr 620, im Alter von etwa 68, soll er gestorben sein und gilt seither als Schutzpatron der Stadt.

Es lohnt sich unbedingt, die Grotte zu besuchen und hinunter zur romantischen Altstadt zu laufen. Sie gehen also links, Richtung Eremitage/St-Ursanne ville. (Wer es dennoch vorzieht, gleich zu den Ufern des Doubs aufzubrechen, geht rechts und dann hinunter, quert am Kreisel die neue Brücke und wandert fortan rechts des Flusses.) Erstaunlich wild ist der schmale Pfad zur Grotte; es geht über viele Treppen, entlang steiler, verwitterter Felswände, gesäumt von Waldschlüsselblümchen, lila Veilchen und zartem Buschwerk – trotz fantastischem Blick auf die Flussschleife des Doubs, die Freiberge und das verträumte Örtchen sollten Sie den Bodenkontakt hier nicht verlieren! Wer möchte, kann am gelben Wegweiser noch einen kurzen abenteuerlichen Abstecher nach oben machen (nicht explizit markiert) – auf schmalem Gratweg erreichen Sie sogleich eine Wiese mit Panoramaschau auf die Juralandschaft. In den Himmel ragen Reste eines verfallenen Turmes, der sich als letzter steinerner Zeuge an eine mittelalterliche Burg erweist. Ins Auge sticht ein grosser, Efeu umrankter Fels, den man betreten kann. Mag sein, dass die Höhle an einen Kultplatz erinnert, sie wurde jedoch einst ganz irdisch zur Verteidigung der Bahnverbindung zwischen Porrentruy und Delémont errichtet.

Wieder zurück am Wegweiser, gehts weiter (teils steil) bergab, begleitet von wuchtigen Kalkwänden. Bis sich völlig überraschend zwei Felsnischen auftun, die von archaischer Kraft zeugen. In der grösseren kann man heute grillieren, sitzen, die Ruhe geniessen.

In Kürze stehen Sie vor der von mächtigen Felsen umgebenen Eremitage: ein schönes Ensemble von spätgotischer, schlicht weiss getünchter Kapelle mit Zwiebelturm und der von schmiedeeisernen Gittern verschlossenen Einsiedlergrotte. Gerne hält man sich an der Wohn- und Wirkungsstätte des Heiligen auf und spürt seiner legendären Vergangenheit nach. Eine feine Kraft geht von der Einsiedelei aus.

Ein paar Schritte weiter unten stösst man auf eine begrünte Terrasse mit Feuerstellen – welch romantischer Fleck der Stille im Schutz der Felsen. Gleich danach steht ein Schrein, der heiligen Kolumba geweiht und später der Odilie, Schutzpatronin des Elsass und Augenheilige. Infotafeln erläutern eingehend die Geschichte des Ortes.

Rund 190 Treppenstufen steigen Sie nun abwärts, durchschreiten das Spätrenaissance-Portal aus dem Jahr 1688 und gehen links. Nach dem Pflegeheim gehts wieder links und durch die Porte Saint-Paul mit dem hohen Krüppelwalmdach (neu erbeut 1664) – es ist eines der drei Stadttore, durch das der historische Kern St-Ursannes betreten werden kann. Zwar können Sie in nur wenigen Minuten die Altstadt wieder über die Porte Saint-Jean (hinter dem Rathaus, beim Jura Tourisme links) verlassen – aber es wäre schade, nicht durch die engen Gassen mit den charmanten Bürgerhäusern aus dem 12. bis 14. Jahrhundert zu bummeln und einen Hauch Mittelalter einzuatmen.

Malerisches St-Ursanne

Unvermittelt nach dem Tor zeigt sich die imposante Stiftskirche, entstanden zwischen dem 12. und 14. Jahrhundert: eine romanische Pfeilerbasilika mit Kapellen und einer Krypta.

Hier gründeten einst Benediktiner ein Kloster (849 erstmals urkundlich erwähnt). Eindrücklich das

Einsiedlergrotte: heiliger Ursinicus und Bär, darüber die Jungfrau

Eindrückliche Stiftskirche

Südportal aus dem 12. Jahrhundert: Ganz im Stil der burgundischen Romanik gehalten – die Basler Galluspforte war hierfür Inspirationsquelle –, zählt es zu den wichtigsten Kunstwerken dieser Stilrichtung in der Schweiz. Nördlich der Kirche schliesst ein frühgotischer Kreuzgang mit zweiteiligen Spitzbogenfenstern an, von dem – ebenso wie in der Kirche – besondere spirituelle Kraft ausgeht. Gleich dahinter, in der ehemaligen Pfarrkirche St-Pierre (1898 abgerissen), verbirgt sich das Musée lapidaire (Lapidarium) mit merowingischen und karolingischen Monolithsarkophagen sowie architektonischen Elementen alter Bauten von St-Ursanne.

Gemütlich kann man sich am Platz vor dem Rathaus und der Stiftskirche niederlassen und die wärmende Frühlingssonne geniessen. Es macht Freude, an den bunten Häuserzeilen vorbeizuflanieren, hier und da steht ein alter Brunnen oder ein einladendes Restaurant/Café, und fast scheint es, als habe sich der historische Kern über die Jahrhunderte kaum verändert.

Die vielen Gesichter des Doubs
Durch die Porte Saint-Jean gelangen Sie unmittelbar zur vierbogigen Steinbrücke aus dem Jahr 1728, die dem heiligen Nepomuk geweiht ist. In der Mitte thront eine aus rotem Sandstein gefertig-

Spannt sich über den Doubs: die berühmte Steinbrücke

te Statue des Heiligen, darunter fliesst still der grüne Doubs.
Der geheimnisvolle Fluss nimmt Sie ab jetzt mit auf seine abwechslungsreiche Reise nach Soubey. Hinter der Brücke St-Jean gehen Sie links, rechtsufrig, flussaufwärts (fortan stets dem gut markierten Wanderweg folgen). Welch schönes Fotomotiv, wenn Sie noch einmal einen Blick zurück werfen auf Brücke, Stadttor und Häuserzeilen! Ein lauschiger Pfad führt raus aus dem 700-Seelen-Ort und durch die Siedlung von 14 nahezu gleichen Häusern, die für die Arbeiter der Firma Thécla 1918 gebaut wurden.
Laut und rauschend begleitet vom Doubs, erreichen Sie in Kürze das Naturschutz- und Grundwassergebiet Champs Fallat. Gut sichtbar ist jetzt das neue Viadukt links oben. Weiter gehts auf einem Teersträsslein, das bald in einen angenehmen Feldweg mündet. Weidenkätzchen und gelbe Forsythien leuchten, allerlei Buschwerk beginnt zu grünen, aus dem Wald gurrt und zwitschert es.
Das Gehen entlang des Wassers beruhigt ungemein, bereits nach einer halben Stunde treffen Sie in La Lomenne ein, ein Auengebiet: wild, schön und voller Geheimnisse.
Auf verschlungenen Pfaden oder breiten Feldwegen, in Tuchfühlung mit dem Strom oder entlang saftiger Frühlingswiesen, riesiger Felswände, Tannen- und Auenwäld-

chen – das Durchstreifen der abgeschiedenen Naturlandschaft ist grossartig.

Hier ufert der Doubs aus, wird breiter, verästelt sich kunstvoll, dazwischen liegen kleine grüne Inseln und Kiesflächen. In natürlicher Dynamik gestaltet der Fluss permanent um und ist unablässig aktiv. Er wäscht Stellen aus und legt die Sedimente andernorts wieder ab; das Ufer ist also in ständiger Veränderung begriffen. Auf diese Weise, noch begünstigt von Erosion, Überschwemmungen und Trockenheit, entsteht ein vielfältiges Mosaik an Lebensräumen, was wiederum eine ausserordentlich hohe Biodiversität zur Folge hat. Kaum zu glauben, aber das Gebiet weist rund 1500 verschiedene Pflanzen auf – das ist in etwa die Hälfte der Flora der Schweiz, auf 0,55 Prozent der Landesfläche. Auch die Tierwelt fühlt sich hier sehr wohl, etwa Schmetterlinge, Libellen, Heuschrecken, Amphibien und Säugetiere; und fröhlich singen die seltene Bekassine, Bergstelze, Wasseramsel oder der Rohrsänger hier ihr Lied.

Mal ruhig und beschaulich, dann wiederum rauschend und donnernd oder reissend nimmt der Doubs seinen eigensinnigen Lauf. Er macht seinem Namen Ehre: Neueren Forschungen zufolge entstammt der dem keltischen Wort «dub» für «fliessende Wasser», «schwarz». Der Doubs wird auch

Geheimnisvoller Doubs

«Der Dunkle» genannt – in der Tat wirkt er aufgrund seiner dunklen Färbung unergründlich und geheimnisvoll. Hin und wieder sieht man Boote auf dem Fluss.

Eine ungeheure Grünkraft entfaltet sich hier im Frühling: krautige Pflanzen, Weiden und Erlen, Birken und Eschen, Ahorn und Ulmen streben unaufhaltsam dem Licht entgegen. Gelb und weiss und violett leuchtet es am Waldboden und in den Feldern. Mitunter hat man das Gefühl, sich durch einen Dschungel zu bewegen. Ganz sich selbst überlassen, lianenartig und wildwuchernd, dürfen die Pflanzen wachsen; und auf den Auenterrassen präsentieren sich herrliche Naturkunstwerke. Einladende Plätze zum Verweilen gibt es zuhauf: direkt am Ufer, auf Steinen oder im Gras, hier und da sind tolle Grillstellen. Und es ist ganz still auf dem sonnendurchfluteten Weg. Reizend ist der Gang durchs «Zauberwäldchen». Es ist so, als hätte dort jemand aus purer Freude alles mit Moos überzogen: Steine, Äste, Baumstämme, Totholz – einfach alles leuchtet in den schönsten Formen moosgrün und zeitvergessen.

Schliesslich erreichen Sie Tariche, wo vom anderen Flussufer ein Restaurant grüsst. Wer möchte, kann drüben einkehren (eine Fähre bringt die Gäste hin und zurück).

Es wird noch wilder
Sicher haben Sie es gemerkt: Während am gegenüber liegenden Südufer einige Campingplätze auftauchen, sind am Nordufer idyllische Picknickplätze und Abgeschiedenheit.

Weiter gehts auf dem Uferpfad, der Doubs zu Ihrer Linken, nun von seiner breiten Seite. Es wird noch einsamer, noch wilder. Auf grünen Wiesenstreifen, über Wurzeln und Steine, auf schmalen Pfaden geht es nach Soubey. Efeuumwachsene Torbögen und vermooste Uferdschungel werden durchschritten. Grosse Hinkelsteine liegen am Wegesrand, links und rechts blühen Frauenschuh, Butterblumen, Knabenkraut und Disteln. Überall duftet es nach frischer Frühlingserde. Schliesslich erreichen Sie die Passerelle von La Charbonnière, hier queren Sie den breiten Fluss.

Szenenwechsel
Nach der Brücke gehen Sie rechts, auf schmalem Teersträsslein Richtung Soubey. Vor Ihnen breitet sich grosszügig Kulturland aus. Die Landwirte eggen und düngen und bereiten ihr Gelände vor, ehe die Tiere ins Freie dürfen. Der Doubs,

Geheimnisvoller Doubs **17**

Auf der Barke nach Tariche

nun rechts von Ihnen, rückt immer mehr in die Ferne, nur noch von oben kann man ins breite Flussbett schauen. Es geht durch ein Tannenwäldchen und entlang hügeliger Felder, bis Sie Champois erreichen. Wie zu erfahren ist, gab es dort im März 2001 ein völlig unvorhersehbares Naturereignis. Etwa 1,5 Millionen Kubikmeter Bodenmaterial mit einer Mächtigkeit von fast 20 Meter setzten sich in Bewegung und rissen Strasse und Wasserleitungen mit; das Doubsbett wurde auf einer Länge von 200 Meter zu etwa einem Drittel verschüttet.

Interessant ist der folgende Wegabschnitt, denn hier befinden sich die ältesten geologischen Schichten der Freiberge. Am Doubs, der sich durch Erosion kontinuierlich ins Gestein gefressen hat, zeigen sich Schichten von Kalkmergel, die vor über 200 Millionen Jahren entstanden.

Altes Kulturgut

Immer dem Wanderwegweiser folgend, kommen Sie bald an Weekendhäuschen vorbei, oberhalb des rauschenden Doubs, und kurz darauf streifen Sie die Fischerei von Soubey. Man sagt, im Doubs gebe es die besten Bachforellen. Ganz in der Nähe befindet sich die Mittlere Mühle, «Moulin de Soubey» – ein Kulturgut, das einen Besuch wert ist (links abbiegen, Markierung folgen). Die 1632 errichtete Mühle ist seltener Zeuge einer ehemals prosperierenden Tätigkeit. An den Ufern des Doubs gab es rund 20 Mühlen, die allesamt um die Mitte des 20. Jahrhun-

Die Mittlere Mühle von Soubey

derts verschwanden – bis auf diese. Etwas versteckt kann man hier eines der seltenen Relikte aus längst vergangener Zeit betrachten: ein grosses Zellenrad, direkt am Wasser installiert. Die generierte Energie der Mühle diente zum Mahlen und Schroten von Getreide und zur Beleuchtung des Gebäudes. Noch bis 1968 wurde hier Korn der Bauern gemahlen.

Wieder zurück an der Strasse, folgen Sie dem Wanderwegweiser Richtung Soubey; in Kürze erreichen Sie die Postbushaltestelle «Soubey garage», wo Sie direkt mit dem Bus nach St-Ursanne fahren können. Aber es lohnt sich, den etwa achtminütigen Weg ins Dorf Soubey unter die Füsse zu nehmen und die bekannte Kirche St-Valbert (17. Jahrhundert) mit den eindrücklichen Glasmalereien von Coghuf (1905–1976) zu besuchen. Schlicht und doch überraschend ist die Atmosphäre. Der in Basel geborene Künstler lebte ab 1934 in den Freibergen und gilt als einer der grossen jurassischen Künstler des 20. Jahrhunderts. Ein kleiner Spaziergang durch den 150-Seelen-Ort bietet sich an – und wer Forellen liebt, sollte sich die Spezialität des Dorfes nicht entgehen lassen. Wen wunderts, die grüne Flusslandschaft ist sehr beliebt bei Kajakfahrern und Kanuten und Soubey ist idealer Ausgangspunkt zahlreicher Flussfahrten.

Die Rückreise mit dem Postauto (Haltestelle «Soubey ville») nach St-Ursanne (ca. 35 Minuten) verspricht noch einige fantastische Ausblicke. Es geht durch typisch ländliche, fast unberührte Landschaft mit schwindelerregenden Tiefen, durch verschlafene Dörfer, unter anderem Epiquerez, das höchstgelegene Dorf des Clos du Doubs. Sein Name rührt von seiner Lage her, nämlich vom wilden Bergkamm über dem Doubs, dem Pic du Crêt.

Grenzfluss Doubs

Der Doubs entspringt auf einer Höhe von 940 Meter am Fuss des französischen Mont Risoux und fliesst zunächst stetig nach Osten, durch Pontarlier und den Lac de Moron. Ab St-Ursanne wechselt er seine Richtung, nimmt seinen Lauf nach Westen, vorbei an Besançon und Dole, und mündet in Verdun-sur-le-Doubs in die Saône. Der dunkle Fluss fräst sich durch den Jurakalk – mit einer Breite von durchschnittlich 6 bis 30 Meter, an einigen Stellen sogar 200 Meter – und trennt die Schweiz von Frankreich. Mal ruhig und beschaulich mit nur 5 Kilometer pro Stunde, dann wieder im Slalomlauf oder mit donnerndem Spektakel, als imposanter Wasserfall sich in die Tiefe stürzend, und in einer Spitzengeschwindigkeit von 12 Kilometer pro Stunde, nimmt der Karstfluss seinen 450 Kilometer langen Lauf. Quelle und Mündung, in Luftlinie gemessen, liegen nur 90 Kilometer voneinander entfernt. Dabei wird er nur im Gebiet Clos du Doubs, ein Stück von 30 Kilometer, ganz ein Schweizer Fluss.

Der dunkle Doubs war einst auch bei den Bewohnern gefürchtet, wenn etwa bei Hochwasser die Wassermenge auf über 4000 Kubikmeter pro Sekunde anstieg (im Vergleich: bei Niedrigwasser sind es etwa 20 Kubikmeter pro Sekunde). «Dann sahen sie ihn als Ausdruck des wilden Flussdrachens, den sie überall ahnten. Das Bild der Vouivre ist an seinem Oberlauf weit verbreitet, sei es als Logo der Buchhandlung in Saignelégier, als beliebtes Objekt jurassischer Künstlerinnen und Künstler oder als Illustration verschiedener Sagengeschichten (…) Selten, aber immer wieder sollen Menschen gesehen haben, wie sich der Drache in eine wunderschöne, von innen heraus strahlende Göttin verwandelt hat.» (Quelle: Pier Hänni, Magischer Jura, Baden 2008)

2 Osterglockenläuten auf dem Spitzberg

Hinauf zu den wilden Juraweiden, dort, wo die Gelben Narzissen spriessen – romantischer Skulpturenweg nach Lamboing – Abstieg in die spektakuläre Twannbachschlucht – genussvoller Ausklang im Weindorf Twann

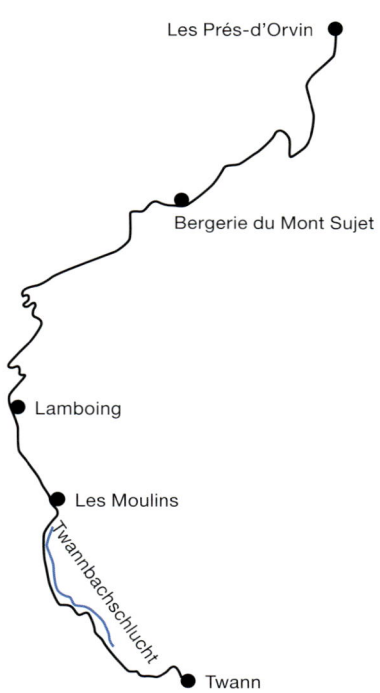

Route: Les Prés-d'Orvin (1005 m ü. M.) – Mont Sujet (1298 m ü. M.) – Lamboing (820 m ü. M.) – Les Moulins (750 m ü. M.) – Twannbachschlucht (563 m ü. M.) – Twann (436 m ü. M.)

Wanderzeit: 3,5 Std.

Wegstrecke: 11 km

Anreise: Mit dem Zug von Basel nach Biel, weiter mit dem Bus nach Les Prés-d'Orvin (Bellevue); (auf Anfrage Extrafahrten nach Les Prés-d'Orvin, Tel. 032 329 13 13)

Rückreise: Mit dem Zug ab Twann

Frühlingsruf Mont Sujet

Kurzweilig ist die Fahrt von Biel nach Les Prés-d'Orvin. Der Bus schlängelt sich elegant auf über 1000 Meter Höhe, der Blick darf weit über die Chasseralkette gleiten und immer wieder rücken die Juraweiden gekonnt in Szene. Ländlich und still ist es, wenn Sie in Bellevue aussteigen, ein kleiner Ort mit vorwiegend Ferienhäusern. Sie folgen dem breiten Natursträsslein Richtung Mont Sujet. Links und rechts des Weges leuchten bereits gelb und violett die ersten Frühlingsboten: Osterglocken und Krokusse.

Bald durchstreifen Sie ein kleines Fichtenwäldchen, wo auffallend grosse und kleine Steine moosbewachsen wild im Wald herumliegen. An den Bäumen hängen graue «Bärte» – ein sicheres Indiz, dass die Luft hier sehr sauber ist, sonst könnten die sogenannten Bartflechten, eine Symbiose aus Algen und Pilz, sich nicht bilden. Sanft windet sich der Weg nach oben, es geht durch typische Juraweiden mit den grossen ausladenden Fichten.

Und da sind sie wieder: Matten mit Osterglocken, die sich aus dem noch sehr niedrigen Gras oder gar brauner Erde recken und in der teils noch kargen Landschaft lebendige

Frühlingsboten

Farbtupfer setzen; nicht zu vergessen die Schlüsselblumen, Mannsknabenkräuter und kleinen Enziane.

Links des Skilifts gehts in die Höhe (immer der gelben Raute nach), was ein bisschen Kondition erfordert. Belohnt wird man mit einer herrlichen Aussicht auf die Juraberge und eine noch ursprüngliche Naturgewalt. Wer Anfang April hier oben ist, macht Spuren eines harten Jurawinters aus: vernarbte Erde, im Vergleich zum Tal sind einige Büsche und Bäume noch recht kahl.

Dann gehts auf einer wunderschönen Hochebene zum Mont Sujet, zu deutsch Spitzberg. Es ist, als spaziere man durch einen riesigen Park mit Baumgruppen, Hecken,

Sträuchern, uralten knorrigen Buchen, mächtigen Fichten – im Jura werden diese Weiden Wytweiden genannt. Vor Kraft strotzt dieser einsame Bergrücken, am Himmel ziehen Bussarde gerne ihre Kreise. Wie sich zeigt, ist der Mont Sujet eher eine sanfte Kuppe, hat in keiner Weise eine Spitze. Möglicherweise ist das französische «Sujet» eine deformierte Diminutivform von «suche», was so viel wie «runder Berg, kleiner Gipfel» bedeutet. Bald glitzert von unten der Bielersee, die Sicht wird frei auf die östlichen Juraketten. Am Wegweiser orientieren Sie sich Richtung Sentier des sculptures/Skulpturenweg (hier noch nicht absteigen nach Lamboing/Twann).

Der sonnenexponierte Wanderpfad führt an der Bergerie du bas/Métairie Mont Sujet vorbei, in Kürze erreichen Sie den Punkt 1290 Meter. Dort Richtung Sentier des sculptures/Lamboing marschieren, am nahen Punkt Mont Sujet/1298 Meter gehts dann links runter. Wer möchte, kann hier einen kurzen 10-minütigen Abstecher zum nahen (oft windigen) Gipfel (1382 m ü. M.) machen, wo sich am weiten Horizont der Chasseral, der «König der Juraberge», das Mittelland, die drei Seen Bieler-, Murten- und Neuenburgersee und mit etwas Glück sogar die Alpen abzeichnen. Wer zum richtigen Zeitpunkt den Spitzberg besucht (April, um die Osterzeit),

Wilde Juraweiden

Erfreut sich des Lebens, der Waldwichtel

kann sich an den unzähligen wilden Osterglocken erfreuen, die mit der Sonne um die Wette strahlen. Das gelbe Blütenmeer ist eine reine Augenweide.

Kunst mitten im Wald

Ein breiter Waldweg führt nun von Punkt 1298 sachte bergab, in 20 Minuten gehts links ab zum Skulpturenweg (Chemin de randonnée pédestre). Achtung, jetzt heisst es: Augen auf! Ein schmaler Pfad schlängelt sich abwärts, über Treppen, Steine und Wurzeln, durch einen frisch ergrünenden Buchenwald. Das Originelle: Links und rechts tauchen Skulpturen auf, die von Absolventen der Brienzer Fachschule für Holzbildhauerei 1996 kreiert wurden. Mitten im Märchenwald stehen – in Baumstämme und Wurzeln geschnitzt – Feen, Götter, Druiden, Menschen und Tiere des Waldes.

Im Zickzack lotst der gut markierte Wanderweg runter ins Tal, nach Lamboing. Drei geschnitzte Waldarbeiter verabschieden Sie, bevor Sie freies Gelände betreten. Prächtig ist die Sicht auf Lamboing, das Mittelland und den weiten Alpenbogen. Kenner des Schriftstellers Friedrich Dürrenmatt wissen, dass in seinem 1950 erschienenen Kriminalroman «Der Richter und sein Henker» Lamboing Schauplatz eines Verbrechens war. Sie steigen nun hinab ins Dorf, bei der Post gehts links, an der nächsten Weg-

Wilde Twannbachschlucht

gabelung halten Sie sich Richtung Les Moulins/Twannbachschlucht. Wer möchte, kann sich auch einen sonnigen Platz im Café oder Restaurant suchen und eine Pause einlegen.

Auf asphaltierter Strasse gehts dorfauswärts, sanft bergab und an alten Höfen vorbei (immer der gelben Raute nach) – bis Sie Les Moulins erreichen. Sie steuern direkt auf die Glasbläserei Zünd zu, wo filigrane Glaskunst feilgeboten wird, etwa funkelnde Leguane, Schildkröten, Glasperlen, Kugeln, Vasen u. a. In einem gemütlichen Bistro oder auf der Terrasse kann man sich stärken, bevor es in die Tiefe geht, zum Beispiel mit einem rustikalen Schluchtplättli oder Flammenchüechli.

Wildromantischer Schluchtenweg

Unmittelbar nach der Glasbläserei gehts rechts die Treppen runter; dann die Brücke queren und links dem Lauf des Baches folgen, Richtung Twannbachschlucht. Zunächst murmelt und plätschert der Twannbach friedlich neben dem Waldpfad, doch bald ist abrupter Szenenwechsel. Grosse Felsnasen tauchen auf, das Wasser gewinnt an Geschwindigkeit, hüpft und rauscht über moosüberzogene Steine. Spektakuläre Felsen ragen links und rechts in die Höhe; der 1890 gebaute Naturweg führt unmittelbar entlang des mäandrierenden Bachs, keltisch «Duana» oder auch «Dunkle Göttin» genannt. Abenteuerlich gehts über kühne Steintreppen, Stege und Wurzeln nach unten, durch Felsgalerien hindurch und begleitet von einem wunderbaren Wasserkonzert. Kleine Wasserfälle hüpfen über Felsbrocken, sammeln sich in Becken, um weiter tosend sich in die Tiefe zu stürzen.

Immer wieder fasziniert das Naturschauspiel – ein Wechsel von Licht und Schatten, Stein und Wasser und frischem sonnenbeschie-

Twann aus der Vogelperspektive

nenem Grün. In Dürrenmatts Kriminalroman wurde in dieser Schlucht ein Protagonist ermordet – wen wunderts?

Das Ende der Schlucht markiert die Twannbachhöhle – ein Refugium für Fledermäuse. Die eindrucksvolle Höhle sollte nicht betreten werden, um die äusserst empfindlichen Tiere – hier leben fünf verschiedene, teils sehr seltene Fledermausarten – nicht zu stören. Schlucht adieu. Unvermittelt öffnet sich der Blick auf den tiefblauen Bielersee und die Rebhänge.

In 10 Minuten führt Sie der signalisierte Wanderweg ins Dorf Twann: übers Känzeli und den Platteweg gehts runter, die Hauptstrasse querend und durchs Gässli zum Bahnhof. Wer die Wanderung romantisch ausklingen lassen möchte, fährt mit dem Schiff zurück nach Biel.

Tipp: Wer noch Energie hat, kann zum nahen Hooliloch spazieren. Nach Verlassen der Schlucht gehen Sie die Tessenbergstrasse hinauf, oberhalb des Restaurants «Bären» lotst ein schmaler Pfad nach oben. Die Felsengrotte mit Säulen und über 10 Meter hohem Gewölbe ist ein faszinierendes Naturkunstwerk, wo man sich gut vorstellen kann, dass hier noch Feen ihre Zauberkünste vollziehen.

Bummel durch Twann

Twann ist ein hübsches Weindorf, das man unbedingt kennenlernen sollte. Auf dem Kulturpfad erfahren Sie manch Erhellendes über den Ort und deren Geschichte, denn bereits vor 6000 Jahren sie-

Den Tag auf dem Schiff ausklingen lassen

delten hier Menschen an. Kleine Tafeln an historisch bedeutenden Häusern machen den Rundgang zu einer lebendigen Zeitreise. Das Dorfbild ist geprägt von zahlreichen mittelalterlichen Häusern, einer spätgotischen Kirche mit romanischem Turm, Rebhäusern, alteingesessenen Winzerbetrieben und Restaurants.

Von Twann aus sieht man prächtig auf die St. Petersinsel, wo der Genfer Philosoph und Gesellschaftskritiker Jean-Jacques Rousseau die vermutlich schönsten Wochen seines Lebens verbrachte. «An manch einem reizenden Orte verweilte ich; nirgends aber fühlte ich mich so wahrhaft glücklich wie auf der St. Petersinsel inmitten des Bielersees, an keinen Aufenthalt denke ich mit solch süsser Wehmut zurück.» Der Naturliebhaber – von ihm stammt der Aufruf «Retour à la Nature!», «Zurück zur Natur!» – verbrachte im Jahr 1765 zwei Monate auf der Glück verheissenden Insel. Noch heute kann man einen Blick in sein Zimmer (und sein faszinierendes, auch irritierendes Leben) im Klosterhotel «St. Petersinsel» werfen. Das Gebäude, einst ein Cluniazenserkloster, wurde 1127 errichtet. Hauptpatron der Cluniazensermönche ist der Apostel Paulus – daher auch der Inselname.

Osterglocken: schön und tiefgründig

Mit ihrem sonnigen Gelb und dem blumigen Duft lassen Osterglocken erste Frühlingsgefühle aufkommen. Unverwechselbar ist sie, mit ihrem hohlen Stängel und einer Blüte, deren Kopf leicht nach unten schaut. Aus einem Kranz von sechs Blütenblättern erhebt sich aus der Mitte eine gelbe gezackte Glocke. Sie ist Inbegriff wiederkehrender Kräfte der Natur und verkörpert Aufbruch – wie kaum eine andere Pflanze vermag sie einen intensiven Farb- und Blütenrausch in Wiesen und Beete zu zaubern. Da sie um die Osterzeit blüht, ist sie Symbol für Ostern schlechthin. Gut zu wissen: Durch ihren Gehalt an Alkaloiden und Bitterstoffen ist die Pflanze giftig, wobei die Zwiebel die höchste Konzentration an Giftstoffen enthält.

Die Osterglocke, die auch als Gelbe Narzisse (Narcissus pseudonarcissus) bezeichnet wird, zählt als Zwiebelgewächs zur Familie der Amaryllis (Amaryllidaceae). Ursprünglich waren Gelbe Narzissen in Westeuropa und im westlichen Mitteleuropa beheimatet. Heute, dank ihrer geringen Ansprüche, gedeiht sie in der Schweiz (Jura, Aargau, Freiburg, Solothurn u. a.) und von der Iberischen Halbinsel, über die Vogesen bis nach Nordfrankreich und Belgien, auch in Grossbritannien und Deutschland (Eifel). Die wilden Formen stehen unter Naturschutz.

Als Heilpflanze fand die Gelbe Narzisse bereits in der Antike Verwendung als Mittel gegen Hautkrankheiten wie Geschwüre und Flechten. Aber auch in der mittelalterlichen Volksmedizin setzte man sie gerne ein als Brechmittel sowie bei Keuchhusten und Erkältungskrankheiten. Heute findet sie in der Homöopathie bei Atemwegserkrankungen Anwendung.

Die Bezeichnung Narzisse (bot. Narcissus) geht zurück auf die griechische Mythologie des Helden Narziss, Sohn des Flussgottes Kephios. Narziss, von Griechisch «narkein», bedeutet so viel wie «betäuben». Der Held war so schön, dass sich alle Dryaden und Nymphen in ihn verliebten. Als er die Liebe der Bergnymphe Echo verschmähte, so heisst es, sei sie zu einem Fels erstarrt und ihr blieb lediglich ihre Stimme – daher das Wort «Echo». Da beschlossen die Götter, diese Herzlosigkeit zu vergelten. Nemesis, die ausgleichende Gerechtigkeit, bestrafte Narziss mit einer nicht zu stillenden Liebe zu sich selbst. Als Narziss wieder einmal sein Spiegelbild in einer Quelle betrachtete, war er so berauscht von seiner Schönheit und wollte sich umarmen. Dabei fiel er ins Wasser und ertrank. Sein toter Körper sollte dem Feuer übergeben werden. Als jedoch die Flammen nach seinem Leichnam züngelten, verwandelte sich dieser in eine Blume, nämlich die Narzisse. Mit ihrer neigenden Blütenkrone mit dem Kranz «zeigt» Narziss, wie er sich übers Wasser beugt und sich betrachtet.

3 Frühlingserwachen in den Freibergen

Die vielen Gesichter der Freiberge: Parklandschaften, mächtige Fichten und unzählige Osterglocken, charmante Juradörfer, unverbaute Weite, stille Täler und romantische Weiher – beeindruckende Glasfenster in gleich zwei Dorfkirchen

Route:	Les Reussilles (1011 m ü. M.) – Le Cernil (1003 m ü. M.) – Le Prédame (1005 m ü. M.) – Les Genevez (1061 m ü. M.) – Lajoux (960 m ü. M.) – Saulcy (910 m ü. M.)
Wanderzeit:	3,5 Std.
Wegstrecke:	13 km
Anreise:	Mit dem Zug von Basel nach Les Reussilles
Rückreise:	Mit dem Postauto von Saulcy (Post) nach Glovelier, weiter mit dem Zug nach Basel

Für Freiheitsliebende

Welch Genuss, mit der roten «Chemins de fer du Jura» durch die Freiberge zu reisen: typisch jurassisches karges Hochland, ausgedehnte Fichtenwälder, kleine Weiler und Einzelgehöfte ziehen am Auge vorbei. Eine eigentümliche Schönheit und Stille breitet sich aus. «Einwanderer und ihre Nachkommen sollen auf ihrem selbst gerodeten Grund und Boden für alle Zeiten von Zins und Zehenten befreit sein», so heisst es in dem 1384 ausgestellten Brief des Fürstbischofs Imier von Ramstein zu Basel. Intention war es, eine dichtere Besiedlung in den rauen Jurabergen zu erzielen. Der Ruf zu einem freien Leben auf über 1000 Höhenmetern – daher der Name Freiberge – stiess auf Resonanz. Erste Siedler kamen und rodeten Wälder für ihr neues Gehöft und Weideland für Pferde und Kühe. Auch wenn diese Sonderrechte 1792 aufgehoben wurden, so ist diese Freiheitsliebe der Bewohnerinnen und Bewohner noch heute spürbar.

Am kleinen Bahnhof Les Reussilles (Bedarfshaltestelle) queren Sie die Strasse und gehen Richtung Le Cernil. Am Ortsende halten Sie sich links, ein letzter Blick streift die Häuser – und schon sind Sie mitten

Osterglocken, die goldenen Frühlingsboten

auf dem Lande. Vor Ihnen breiten sich grosszügig Juraweiden aus, Krokusse, Schlüsselblumen, Osterglocken setzen bunte Frühlingsakzente. Beschwingt durchstreift man das weitläufige Kulturland – überzogen von Feldern und Äckern, sogenannten Finages –, das ungehinderte Sicht auf die umliegenden sanften Hügelketten erlaubt; hier und da taucht ein Gehöft auf, in der Ferne drehen sich die Windräder von Mont Crosin. In einer halben Stunde erreichen Sie Le Cernil, einen kleinen verträumten Weiler, dominiert von typischen Jurahäusern mit den grossen Satteldächern und geschichteten Steinmauern.

Die ersten Pferde tauchen auf, das Wahrzeichen des Jura schlechthin. Kräftige Kaltblüter, mit friedlichem, starkem Charakter, robust, ausdauernd und genügsam – so wird der Typ des «Freiberger Pferdes» (1619 erstmals erwähnt) charakterisiert, den man im nahen Bellelay im Landwirtschaftsmuseum studieren kann. Es ist das Freizeitpferd par excellence, zum Reiten und Kutschieren; einst diente es auch beim Holzrücken, Lastentragen oder als edles Kavalleriepferd. Pferdeliebhaber reisen alljährlich ins nahe Saignelégier, wo seit über 200 Jahren, am zweiten Augustwochenende, der berühmte «Marché-Concours national de Chevaux» stattfindet – ein Fest der Freiberger Pferde. Mit mehr als 200 Kilometer signalisierten Reitwegen ist es hier ein echtes Reiterdorado. Das edle Pferd mit dem braun glänzenden Fell ist immer wieder ein schöner Anblick während des Streifzuges durchs wilde Jura.

In Le Cernil gehen Sie zunächst rechts, Richtung Gros Bois Derrière/Saignelégier, bis zur Hauptstrasse, dann rechts und bald wieder links (dem gelben Wegweiser folgend). Auf einem Trampelpfad vagabundieren Sie durch eine sonnendurchflutete einsame Wald- oder Wytweide. Grandios ausladende Fichten und Schattenbäume, Wäldchen und riesige Rottannen beherrschen die Szene. Aus der noch braunen Erde spriessen Krokusse, unzählige Osterglocken strecken sich der Sonne entgegen und legen einen gelben Teppich aus. Bienen und Hummeln sind rege Blütenbesucher. Welch harmonisches Farbenspiel: dunkles Tannengrün konkurriert mit zartem Gelb und Himmelblau.

Eine stille Landschaft, die entschleunigt und eine angenehme Atmosphäre verströmt. Am kleinen Wäldchen angekommen, orientieren Sie sich Richtung Les Prédame/Les Genevez. Auf breitem Natur- und Reitweg streifen Sie weiter durchs frühlingsgrüne Land, wie

Unterwegs nach Les Genevez

Königinnen stehen uralte Fichten herum.
Am Gehöft gehts rechts weiter auf schmaler Teerstrasse (Richtung Les Genevez). Noch gibt es sie hier, die anmutige Ulme, die häufig Dorfplätze und Alleen ziert – leider ist sie aufgrund eines Pilzbefalls vielerorts erschreckend zurückgegangen. Das Schöne an dieser Wanderung: die Freiberge zeigen ihre unzähligen Gesichter. Es ist ein sanftes Auf und Ab, ohne grössere Höhenunterschiede. Immer wieder überrascht die unverbaute Weite, wie allein gelassen. An der T-Kreuzung angelangt (hinter dem Einzelgehöft), nehmen Sie links den Reitweg (fortan der gelben Raute folgen).

Wird gern aufgesucht, die Grotte

Perlen am Wegesrand

Sie beschreiten nun eine herrliche, etwa 2 Kilometer lange Baumallee mit mehr als 250 Bäumen, welche die Bauernhöfe der Joux verbindet. Früher dienten Alleen als kühle Schattenspender für Gespanne und im Winter als sichere Wegmarken, wenn der Schnee den Weg «verschwinden» liess. Leider mussten viele Alleen den breiten Strassen weichen ... Eine echte Seltenheit ist der Gang entlang der Ulmen, Linden, Ahorn und Kastanien, begleitet von schönen Licht- und Schattenspielen und fröhlichem Vogelgezwitscher. Blaugraue Flechten hängen wie Silberschmuck am Christbaum an den mächtigen Bäumen. Es geht in Kürze auf einen Naturweg, welch Freude, an den knorrigen alten Bäumen vorbeizuziehen. Behaart und von Moos überzogen, stehen sie da wie grosse Wesen, Wind und Wetter ausgesetzt, und erzählen Geschichten von der mitunter harten Natur. Die Jahreszeiten haben sichtlich ihre Spuren hinterlassen.

Nach dem Bienenhäuschen gehts durch ein kleines Waldstück, schliesslich tauchen die ersten Häuser von Le Prédame auf. Dort halten Sie sich Richtung Les Genevez – eine halbstündige aussichtsreiche Wanderung beginnt, über

Sehenswerte Glaskunst von Coghuf

saftige Matten, entlang von Baumalleen und Büschen.
Eine Mariengrotte taucht am Wegesrand auf, von starken Bäumen umstellt. Sie erinnert daran, dass die Katholiken hier eine Mehrheit von über 80 Prozent bilden.
Sie steuern direkt auf die Pfarrkirche von Les Genevez zu, die schöne moderne Glasfenster von Yves Voirol (2003) beherbergt. Wer ins Dorf hinabsteigt, entdeckt einige markante historische Häuser. Unter anderem das jurassische Bauernmuseum, ein ehemaliger Bauernhof aus dem 16. Jahrhundert mit besonderem Schindeldach. Es bietet Einblick ins einstige Leben jurassischer Bauern, aber auch in die Uhrmacherkunst und zeigt interessante Kräuterbücher eines Pfarrers. Das Dorfmuseum (Musée Rural Jurassien) ist sonntags (14–17 Uhr) und auf Anfrage geöffnet (Tel. 032 484 00 80).
An der Kirche schlagen Sie links den Weg nach Lajoux ein; der nahe Grillplatz «Les Petites Combes» mit seinen rustikalen Bänken und freiem Blick über die Jurahochebene bietet sich geradezu an zu einem entspannten Picknick.
Weiter gehts über den topfebenen Höhenzug und durch eine Waldpassage, über sattgrüne Wiesenhänge nähern Sie sich in grossen Schlaufen dem 250-Seelen-Dorf. Besonders stimmungsvoll ist, wenn Sie entlang der Hecke locker und beschwingt nach unten wandern, weithin sichtbar der Kirchturm. Zu Ihrer Linken tauchen plötzlich verblüffende Kreaturen auf. Kaum zu glauben, Strausse bewegen sich frei in einem 4000-Quadratmeter-Gehege. Immer wieder strecken sie neugierig ihren langen Hals in die Höhe und können ziemlich frech sein. In der Farm, die man besuchen kann, leben rund 60 dieser Vögel. Wussten Sie, dass die ursprünglich aus Südafrika stammenden Strausse bis zu 2,50 Meter gross, 200 Kilogramm

schwer und bis zu 70 Jahre alt werden können? Dass sie, als schnellste Laufvögel, bis zu 100 Kilometer pro Stunde schnell rennen? Dass sie Katzen wahrnehmen in 5 Kilometer Distanz und um die Verdauung zu fördern, Steine fressen? Straussenmännchen, so weiss man, halten in der Wildnis ein Harem von bis zu zehn Weibchen. Übrigens, ein Straussenei hat in etwa die Grösse eines Fussballs …

In Lajoux lohnt sich der Blick in die Kirche: Ein Altarbild aus der Schongauer Schule (um 1500) und Glasfenster des bekannten Basler Künstlers Coghuf (1905–1976) verströmen eine schlichte, schöne Stimmung. Insbesondere wenn die Sonne scheint, leuchtet ein buntes Farbenspektakel.

Le calme, la nature, le soleil – auf nach Saulcy!

Im Dorfzentrum, beim Restaurant «La Chevauchée», wandern Sie Richtung Saulcy; bald gehts rechts ab und hinter dem Fussballplatz links (Einstieg nicht verpassen). Auf urigem Pfad, über Wurzeln und nachgebendem Moos, gelangen Sie zu zwei Weihern. Der Weg führt nun durch ein geheimnisvolles schmales Tal mit Wiesenhängen, von hohen Fichten umstellt – wie vergessen, still und menschenleer, nur Bussarde ziehen am blauen Himmel ihre Kreise. Irgendwann taucht der L'Etang des Beusses auf, von Schilf und Pflanzen umwuchert. Welch verträumter Flecken Erde, mit einer Hütte zum Grillieren, Sitzen, Lauschen, Träumen,

Typisches Jurahaus

Innehalten. Bänke laden ein, die magischen Spiegelwelten auf dem dunklen See oder das Spiel der Wildenten zu beobachten. Hier lässt sich der Frühling prächtig geniessen, für ein paar Minuten oder auch Stunden.

Weiter gehts, noch tiefer ins eingeschnittene Tal und in den Wald. Bald ragen Felswände in die Höhe, riesige Felsbrocken liegen herum, es sieht ein bisschen nach verwunschenem Sagenland aus. Ein kurzer, dennoch eindrücklicher Pfad lotst sanft auf und ab, durch eine wilde Schlucht und unbändige Grünkraft – bis zur Weggabelung, wo Sie links den breiten Forstweg aufwärts nach Saulcy nehmen. Nach Verlassen des Waldes gehts entlang buckliger Weiden mit den bereits vertrauten mächtigen Fichten – zum Schluss noch einmal Freiberge pur! Nach dem Landwirtschaftsgebäude die Hauptstrasse queren und hinunter ins nahe Saulcy marschieren, Richtung Dorfzentrum; an der Raiffeisenbank bzw. beim Minimarkt ist die Bushaltestelle «Saulcy Post». Den Tag ausklingen lassen können Sie im Hotel Bellevue, gegenüber der Kirche. Das reizende Jugendstilhotel aus dem Jahr 1905 wurde unter anderem über 45 Jahre von neun Schwestern geführt. Heute können Sie im Restaurant oder auf der sonnigen Terrasse Spezialitäten des Hauses kosten: Chateaubriand flambé au Cognac oder Forelle blau/jurassienne. Gerne erzählt der Wirt etwas von der spannenden Geschichte des Hauses.

Traditionelles Jurahaus

Das traditionelle, weiss getünchte Jurahaus hat einen quadratischen Grundriss, wobei Wohnung und Stall unter demselben lang gezogenen Dach liegen. Küche, Stube und Zimmer sind im Erdgeschoss, ebenso der Stall, der nur durch eine kleine Abstellkammer getrennt ist. Das Obergeschoss dient als Scheune. Dicke Aussenmauern aus Kalkbruchsteinen erweisen sich als optimal für das raue Klima in den Freibergen und schützen vor Kälte und Wind. Der Schnee, der lange auf dem wenig geneigten Dach liegen bleibt, wirkt isolierend. Auf der Südseite befinden sich viele kleine Fenster, um im Winter die wärmende Sonne reinzulassen. Früher hatte das grosse Dach ebenso die Funktion, Regen zu sammeln zur Trinkwasserversorgung. Dabei wurde geschickt das Dachwasser in eine Zisterne gelenkt, die sich direkt neben dem Haus befand. (Aus: P. Bachmann, Jurawandern)

4 Goldgelbe Sterne am Rebhang

Ideale Frühlingswanderung zum Bernhardsberg mit den wilden Tulpen, entlang blühender Kirschbäume und sonnendurchleuchteter Felder – Lesen im Buch der Natur in Herzogenmatt, mit Weiher, Beobachtungspfaden und Ruhebänken

Route: Oberwil (316 m ü. M.) – Bernhardsberg (327 m ü. M.) – Bielhübel (408 m ü. M.) – Paradieshof (350 m ü. M.) – Herzogenmatt (280 m ü. M.) – Allschwiler Weiher (289 m ü. M.) – Basel (250 m ü. M.)

Wanderzeit: 3 Std.

Wegstrecke: 10 km

Anreise: Mit dem Zug nach Basel SBB, weiter mit dem Tram nach Oberwil Hüslimatt

Rückreise: Von Basel (Haltestelle «Neuweilerstrasse») mit dem Tram nach Basel SBB

Zu den wilden Tulpen

Dass sich in Kürze schönste Landschaft offenbart, kann man, wenn man im urbanen Therwil aussteigt, kaum glauben. Unmittelbar nach der Tramstation gehts rechts, bis zur Hauptstrasse; dort links bis zum Kreisel, dann rechts auf der Ringstrasse durchs Gewerbegebiet marschieren und an den Schrebergärten vorbei. Hinter dem Robi-Spielplatz biegen Sie rechts ab in die Birsmattstrasse und folgen hinter den Tennisplätzen rechts dem schmalen Fussweg. Gleich queren Sie einen Holzsteg, biegen links ab und folgen nun dem ebenen Mergelweg.

Unterwegs zum Bernhardsberg

Ländliche Idylle empfängt Sie. Zu Ihren Füssen der Bernhardsberg, wohl einer der kleinsten Rebhänge im Baselland. An dem sonnendurchleuchteten Berg blühen alljährlich im April Tausende von Weinbergtulpen. Ein Blütenfest, wild und verzaubernd. Kleine gelbe Blütensterne breiten sich zwischen den Rebstöcken aus und strahlen mit dem Grün um die Wette.

Darunter mischen sich Löwenzahn und Gänseblümchen und fleissige Bienen. Dass hier die seltene wilde Tulpenart so prächtig gedeiht, ist dem Bewirtschafter dieses Weinbergs und seiner speziellen Bodenpflege zu verdanken. Unterhalb des Weges mäandriert und gluckst der Birsig, von Büschen und Eschen gesäumt. Eine Weile durchstreifen Sie offenes grünendes Land; beim Wäldchen angekommen, nehmen Sie gleich rechts den Forstweg aufwärts (geradeaus ginge es nach Benken). Der lichte Buchenwald ist übersät von nunmehr weissen Sternen, den zarten Buschwindröschen.

Der kurze Gang in die Höhe wird begleitet von einem Vogelkonzert, dann zeigen sich die ersten Häuser von Oberwil. An der nächsten Weggabelung gehen Sie links abwärts (Grubenmattweg), queren die Hauptstrasse (Bielstrasse/Rüti) und laufen den Vorderbergrain hoch. In Kürze biegen Sie links ab in die Vorderbergstrasse und nehmen an der Friedhofsmauer rechts die Friedhofsstrasse. Immer geradeaus, den Berg hinauf, dann zwischen zwei Birken hindurch den asphaltierten Landwirtschaftsweg wählen. Nach dem kurzen Streifzug durchs Oberwiler Wohnviertel mit den vielen bunt spriessenden Gärten werden Sie nun von sattgrünen Wiesen, Kirschbäumen oder auch Raps begleitet. Es geht aufwärts und schnurstracks zum Bielhübel: ein Wasserreservoir und renaturierter Fleck mit Tümpeln und Teichen, wo seltene Tier- und Pflanzenarten neuen Lebensraum finden, etwa die stark gefährdete Kreuzkröte, Kreuz- und Zauneidechsen und Ringelnattern; auch Turmfalken lassen sich dann und wann bei ihrem Rüttelflug beobachten.

Etwa 100 Meter nach dem Bielhübel, an der T-Kreuzung, marschieren Sie rechts und eine Weile abwärts. Ein toller Weit- und Rundblick auf Oberwil, den Blauen und das Leimental öffnet sich, in aller Frühlingskraft die Felder mit blühenden Kirschbäumen und Hecken. Beim grossen Bauernhof, nach dem originellen Wildpflanzengärtchen «Maitlipfadi Schnäggebärg» (dies wurde innerhalb 72 Stunden zur Förderung der Biodiversität 2010 angelegt) nehmen Sie die spitze Kehre nach links, Richtung Bottenlohn. An Obstplantagen entlang, gehts bald in ein Wäldchen (geradeaus den Waldweg wählen), wo linker Hand

Kurz vor dem Erblühen, die geschützte Weinbergtulpe

Intakte Natur in Herzogenmatt

ein grosser Grillplatz unter grünem Blätterdach zur Rast einlädt. Kurz danach, an der nächsten Weggabelung rechts abbiegen – und schon führt der Weg wieder hinaus ins Freie. Gemüsefelder breiten sich aus in der weiten Ebene, über die gerne ein laues Frühlingslüftchen weht. Bei guter Sicht kann man hinaus ins Badische schauen. Nicht selten begegnet man den Weissstörchen, die eifrig nach Würmern picken oder mit den Bussarden und Raben den Luftraum kreuzen. Wie kommt es?, fragt man sich. In Oberwil wurde 1981 eine Storchenstation gegründet, die wesentlich dazu beitrug, dass sich die Störche das Leimental zurückerobert haben – denn Mitte des 20. Jahrhunderts waren die Weissstörche in der Schweiz so gut wie ausgestorben.

Auf nahezu gerader Linie streben Sie dem Gemüsebauer Kallen zu, der saisonbedingt frische Tomaten, Kürbisse, Auberginen usw. feilbietet. Sie queren die Verbindungsstrasse zwischen Allschwil und Oberwil, vagabundieren gerade-

Mit Buschwindröschen gesprenkelter Wald

Ausklang am Dorenbach

aus weiter durch schönste Frühlingsnatur. Kirschbäume in weisser Pracht, blühende Hecken, goldgelber Löwenzahn – bis Sie beim Paradieshof sind. Ein bisschen fühlt man sich wie im Garten Eden, herrlich still gelegen, inmitten von Obstbäumen. Je nach Jahreszeit kann man Kirschen, Äpfel, Birnen, Zwetschgen, Baumnüsse, Süssmais, Sonnenblumen u. a. im Hofladen kaufen. Sie folgen dem schmalen Asphaltweg abwärts, queren ein Bächlein und gehen an der nächsten Weggabelung links in den Paradieshofweg rein. Jetzt immer geradeaus entlang der blühenden Schrebergärten von Binningen gehen, bis unmittelbar vor dem Landjurtenhof ein Naturweg links in den Allschwiler Wald führt.

Romantischer Naturschauplatz
Zu Ihrer Linken mäandriert das Weiherbächli, an dessen Lauf Sie sich fortan orientieren. Sie betreten das Naturschutzgebiet Herzogenmatt, das ein Refugium für Tiere und Pflanzen ist. Es macht ungeheuer Laune, durch den lindgrünen Buchenwald zu streifen, über Holzstege und federnden Waldboden.

Im Hintergrund: das Gurren der Täubchen oder Klopfen des Spechts. Ornithologen haben ihre Freude daran, die unterschiedlichen Vogelstimmen zu identifizieren. Geübte Augen können gar den Tieren auf der Spur sein, etwa Federn von Waldkauz oder Trittsiegeln von Fuchs und Reh. Treffend formulierte Franz Kafka: Im Wald sind Dinge, über die nachzudenken man jahrelang im Moos liegen könnte.

Bald kommen Sie zu kleinen Weihern und Tümpeln und es lohnt sich unbedingt, in Herzogenmatt zu verweilen. 1400 Meter Beobachtungspfade (mit informativen Tafeln) sind angelegt und inspirieren, im Buch der Natur zu lesen.

Bänke laden ein, das Frühlingserwachen zu geniessen. Überall spriesst und grünt es üppig, Schlüsselblumen, Tausendblatt, Ackerschachtelhalm, Schilfröhrichte, unterschiedlichste Gräser, Sträucher und Büsche u.v.m. Je nach Jahreszeit gedeihen Schwanenblume, Gelbe Iris, Seerose, Wasserfeder, Blutweiderich, Sumpfblutauge.

1999 ist Herzogenmatt in das Inventar der Amphibienlaichplätze von nationaler Bedeutung klassiert worden: elf Arten von Amphibien kommen vor, unter anderem der Fadenmolch, Laubfrosch, die Gelbbauchunke, der seltene Kammmolch. Gerne sonnen sich auf den warmen Steinen auch die Zaun- und Mauereidechsen.

Der Pfad setzt sich fort, nun entlang des Dorenbachs, und man geniesst die letzten Meter im Erholungsraum Wald.

Bald wird der Weg breiter, er zieht an Häusern und Schrebergärten vorbei und mündet am Allschwiler Weiher. Gleich sind Sie an der Haltestelle «Neuweilerstrasse».

Weinbergtulpe

Die goldgelbe Weinbergtulpe stammt ursprünglich aus Südeuropa und wurde im 16. Jahrhundert in den Norden gebracht. In Ziergärten angelegt, verwilderte sie rasch an ihrem Lieblingsplatz: an sonnigen Lagen mit durchlässigem Boden. Bis zu 40 Zentimeter treiben die Stängel hervor und enden mit den goldgelben Sternenblüten. Sie neigen sich vor dem Aufblühen nach unten, danach streckt sich die Blüte der Sonne entgegen und entfaltet sich. Erst in den Mittagsstunden ist der Blütenrausch zu sehen – und das für nur wenige Tage. Im Mai, nach dem Verwelken, zieht sich die Pflanze wieder zurück in den Boden; kleine Tochterzwiebeln entwickeln sich an der Spitze der Zwiebel, wodurch sich die Wildtulpe bei idealen Bodenverhältnissen zu grossen Beständen entfalten kann. Aufgrund intensiver Landwirtschaft und Düngung wurde die Weinbergtulpe, die heute unter Naturschutz steht, extrem verdrängt. (Quelle: Bruno Vonarburg)

5 Eintauchen ins Grenzland

Auf dem Sonnenbalkon Liesberg wandeln – unterwegs durch eine liebliche Wiesenlandschaft und stille Wälder – Stippvisite ins Jura

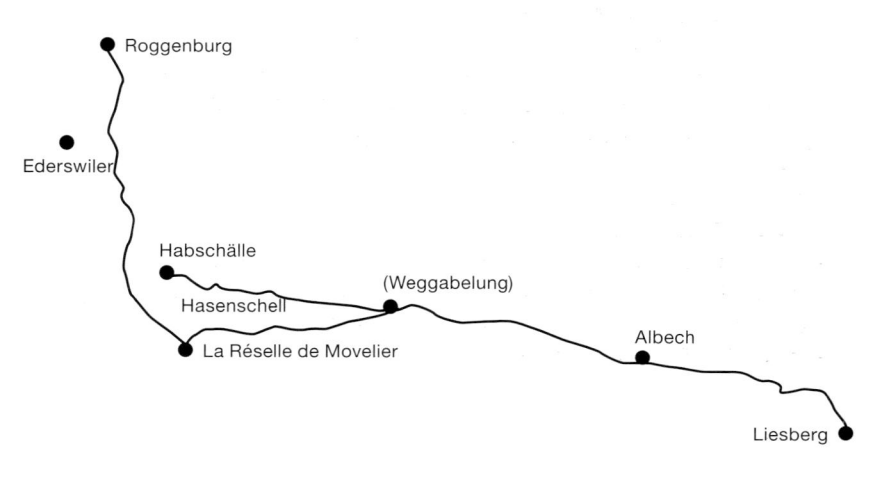

Route: Liesberg Dorf (515 m ü. M.) – Käpelli (653 m ü. M.) – Albech (640 m ü. M.) – Hasenschell (847 m ü. M.) – (wahlweise: Habschälle 843 und 870 m ü. M.) – La Réselle de Movelier (703 m ü. M.) – Roggenburg (564 m ü. M.)

Wanderzeit: 3,5 Std.

Wegstrecke: 12 km

Anreise: Mit dem Zug von Basel nach Laufen, weiter mit dem Postauto nach Liesberg Dorf

Rückreise: Mit dem Postauto von Roggenburg nach Laufen, weiter mit dem Zug

Liesberg von oben

Sonnenterrasse Liesberg

Der Bus schraubt sich vom Talgrund Liesberg-Station, wo man einen kurzen Blick auf die mäandrierende Birs erheischt, steil hoch nach Liesberg Dorf und hält direkt am sonnengelben Gasthaus «Rössli». Welch Unterschied hier zum schlauchartigen Tal! Sie bewegen sich, wenn Sie den Weg durchs Dorf Richtung Käpelli/Habschälle nehmen, auf einer einmaligen Sonnenterrasse, ganz und gar der Südseite ausgesetzt. Dementsprechend ist in dem beschaulichen Ort mit Kirche, Dorfmuseum und Dorfladen auch das Klima: einerseits starker Wind, dann wiederum äusserst mildes Mikroklima. Und es gibt hier so gut wie keinen Nebel. Kein Wunder, dass hier die Sonnenscheindauer über dem kantonalen Durchschnitt liegt. Bedingt durch diese mediterranen Einflüsse floriert eine prächtige Pflanzenwelt. Aus den Gärten ragen Palmen und Feigenbäume, in den umliegenden Magerwiesen gedeihen Orchideen und gar die seltene Karthäusernelke und Heidenelke.

Sie verlassen das Dorf über den Stutzweg und steigen bergan. Werfen Sie noch einmal einen Blick zurück: die bewaldeten Hänge am Blauen, das Birstal und das vorgelagerte Dorf sind eine gelungene Inszenierung. Zwischen Liesberg und Kleinlützel erstreckt sich eine Jurafalte, etwa 700 Meter hoch, welche die Kantonsgrenzen zwischen Baselland und der solothurnischen Exklave Kleinlützel bildet.

Ein ausgesprochen reizender sonniger Weg führt in die Höhe, vorbei

Erste Frühlingsboten: Gelbe Narzissen

Stille am Käpelli

an Obstbäumen und den Rebhängen eines Biobauers. Sie durchstreifen eine liebliche Landschaft, entlang von Baumalleen und kleinen Wäldchen, von weiten Feldern umgeben.
Es grünt und spriesst und blüht, wohin man schaut.
Vogelgezwitscher heisst den Frühling lautstark willkommen. Zunehmend wird es abgeschiedener. Der «Verschönerungsverein Liesberg» sorgt hier und dort für aussichtsreiche Sitzbänke. Keine Häuser, nur ab und zu tauchen ein paar Weekendhäuschen in der Ferne auf. Auf schnurgeradem Weg kommen Sie schliesslich zum Käpelli: eine schlichte Kapelle mit Marienaltar, auch ein geruhsamer Ort unter Bäumen zum Innehalten.
Weiter gehts auf dem Gute-Laune-Weg, links und rechts breitet sich saftiggrünes Kulturland aus, am Wegrand leuchten Schlüsselblumen, Gänseblümchen und Nesseln. Halten Sie immer die Richtung Habschälle bzw. Hasenschell. Sie passieren Albrech und laufen auf einem lichtdurchfluteten Naturweg dem Wald entgegen.
Ein Mischwald wirft angenehme Schatten, es duftet nach erdigem Geruch der Laubbäume und frischem Tannengrün. Für eine Weile tauchen Sie ein in die Waldesstille,

beim Wegweiser halten Sie sich Richtung La Réselle de Movelier (40 Minuten)/Habschälle.

Das heisst, es wird noch uriger, einsamer, ein schmaler, von Felsen gesäumter Pfad führt aufwärts. Es scheint, als dringe man immer tiefer in den Wald.

An der nächsten Weggabelung haben Sie die Wahl: rechts aufwärts nach Habschällen/Aussichtspunkt (und wieder zurück bis hierher, ca. 50 Minuten) oder gleich nach La Réselle de Movelier. Wer die Stille und Einsamkeit liebt, ist hier goldrichtig und nimmt den etwas verwegenen Pfad durchs Waldlabyrinth hinauf nach Habschällen. Irgendwann bietet der Aussichtsfels fantastisches Panorama, dann gehts weiter, den gelben Rauten nach. Immer wilder wirds, es riecht nach Holz und Moos und Frühlingserde, nur noch Naturgeräusche sind zu vernehmen. Der Pfad wird zunehmend zu einem Trampelpfad, umgestürzte Bäume versperren teils den Weg, von Pflanzen bewachsen. Hier scheinen nicht allzu viele Menschen zu sein. Der bewaldete Gipfel liegt im Nordosten des Juras, nahe an der Grenze zu Baselland und Solothurn. Ein bisschen wie im Wilden Westen … Von Habschällen führt auch ein Weg nach Ederswiler bzw. via Motocrossanlage nach Roggenburg. Oder Sie wandern wieder zurück zur Weggabelung.

Auf jurassischem Boden
Schnittig gehts auf lichtem Waldweg bergab nach La Réselle de Movelier. Blickfenster öffnen sich zunehmend, so als schaue man von einem Balkon runter ins frühlingshafte Tal. Wuchtige Felswände ziehen sich rechter Hand in die Höhe, hier am Fuss des Bergzuges Hasenschell. Trotz seines deutschen Namens liegt er im Jura, im Norden des Hasenschells liegt das einzige deutschsprachige Dorf Ederswiler. Nach einer Weile verlassen Sie den Wald, kommen in offenes Gelände zum einsamen Hof La Réselle de Movelier. Hier grüsst man sich französisch. Galoppierende Pferde erinnern sogleich, dass Sie auf jurassischem Boden sind.

Typisch für den Jura: die edlen Pferde

Reizende Juralandschaft

Sie halten sich rechts Richtung Ederswiler. Ein breiter schöner Feldweg (immer der gelben Raute nach) führt über kupiertes Weide- und Wiesenland, malerisch reihen sich die Hügelketten aneinander. Die Landschaft hat sich verändert, es ist offener, weiter geworden.

Sie durchschreiten ein kleines, ruhiges Waldstück, doch dann reisst Motorengeräusch einen unsanft aus der Stille. Vor Ihnen die Motocrossanlage Risel-Ederswiler, die bei Insidern als recht steinig gilt, gespickt mit herausfordernden Auf- und Abfahrten. Sie gehen unmittelbar links entlang des lehmfarbigen Crossplatzes mit seinen Narben im Rasenteppich. Unter Ihnen: bucklige Wiesen mit den typischen jurassischen, ausladenden Fichten. Marschieren Sie durch den Hof des Trainingsgeländes, hinter dem Gebäude setzt sich der Wanderweg fort.

Die Stille ist wieder zurückgekehrt, nun gehts runter ins Tal. Zunächst entlang einer Baumallee, dann durch offene Wiesenhänge, wo man aufs Lützeltal und die Jurahügel schauen kann. An der Weggabelung folgen Sie dem Wegweiser nach Roggenburg und bleiben eine Weile auf dem Höhenzug, ringsum eine bucklige Landschaft. An der Scheune gehts bergab, durch ein Wäldchen und bald erreichen Sie den Talboden. Am Wegkreuz gehen Sie rechts und für ein kurzes Stück entlang der Hauptstrasse, rein ins Bauerndorf. Am Ortsschild links, direkt die Kirche ansteuern und die Kirchgasse runterlaufen. Wenn Sie am Restaurant «Rössli» sind, biegen Sie links ab zur Bushaltestelle «Roggenburg Dorf». Irgendwie scheint in Roggenburg, der jüngsten und höchstgelegenen Gemeinde des Laufentals, die Zeit stillzustehen. Es bildet eine Exklave des Kantons Basel-Landschaft, Nachbargemeinden sind Pleigne, Ederswiler, Movelier und Soyhières im Kanton Jura, Kleinlützel im Solothurnischen und Kiffis in Frankreich.

> **Liesberger Geschichte**
> Vor 160 Millionen Jahren tummeln sich über Liesberg zahlreiche Meeressaurier.
> - Heute noch lassen sich ihre Fressspuren und ihre versteinerten Beutetiere in den Tongruben im Naturschutzgebiet Andil sehen.
> - In der Altsteinzeit, um 40 000 v. Chr. findet erstmals eine Besiedlung in den Liesberger Höhlen statt.
> - Keltische Rauracher lassen sich um 1000 v. Chr. im Jura nieder. Zur Römerzeit (50 v. Chr.–450 n. Chr.) soll in Liesberg ein Kastell und eine Villa gestanden sein.
> - Im 7. Jahrhundert wird Liesberg zwischen den Alemannen und den Burgundern (Sprachgrenze) Kontaktgebiet.
> - Erste Erwähnung von Liesberg Ende des 13. Jahrhunderts, 1271 wird es Teil des Fürstbistums und 1525 folgt der Eintritt ins Baselstädtische Burgrecht.
> - 1529–1589: Reformation und Gegenreformation.
> - Während des Dreissigjährigen Krieges (1618–1648) grösste Verarmung der Gemeinde Liesberg.
> - 1792: Besetzung durch die Franzosen, 1812 zwangsweise Rekrutierung der jungen Männer für den russischen Feldzug unter Napoleon I.
> - 1815: Liesberg wird durch Beschluss Teil der Eidgenossenschaft
> - 1994: Das Laufental und damit Liesberg schliesst sich dem Kanton Basel-Landschaft an.
> - 1996 werden durch Zufall in dem 1620 erbauten alten Pfarrhaus wertvolle Statuen und sakrale Gegenstände aus dem Mittelalter entdeckt. Um diese seltenen Funde einer breiteren Öffentlichkeit zu zeigen, wird eine Stiftung gegründet. Die beachtliche Sammlung wird heute im Dorfmuseum, also am eigentlichen Fundort, präsentiert.
> (Quelle: Gemeinde Liesberg)

6 Frühlingslockruf Sunnenberg

Lichter Wald- und Gratweg führt in sonnige Höhe – grandioser 360-Grad-Blick auf dem Aussichtsturm Sunnenberg – ein riesiges Kirschblütenmeer wogt in den Wiesen von Magden – Ausklang in der Zähringerstadt Rheinfelden

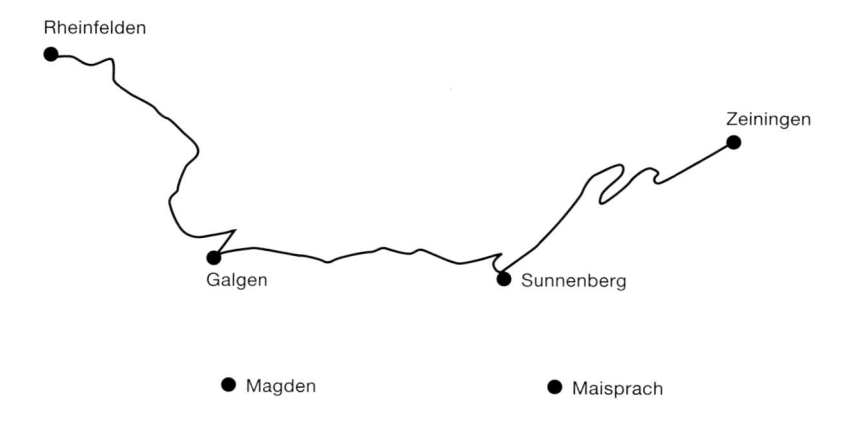

Route: Zeiningen (342 m ü. M.) – Sunnenberg (632 m ü. M.) – Chlei Sunnenberg (448 m ü. M.) – Galgen (449 m ü. M.) – Rheinfelden (285 m ü. M.)

Wanderzeit: 3 Std.

Wegstrecke: 10 km

Anreise: Mit dem Zug von Basel nach Möhlin, weiter mit dem Postauto nach Zeiningen (Post)

Rückreise: Von Rheinfelden mit dem Zug nach Basel

Frühlingserwachen im Waldreservat

Wer sich ins Zeininger Gebiet begibt, betritt geschichtsträchtigen Boden. Wie Ausgrabungen belegen, jagten in den Wäldern bereits vor 10 000 bis 15 000 Jahren Menschen, später entstanden erste Siedlungen. Zahlreiche steinzeitliche, römische und alemannische Fundgegenstände können heute im Fricktaler Museum in Rheinfelden bestaunt werden. Nach römischer Herrschaft vermischten sich die Rauracher der Gegend mit den Alemannen. Es heisst, dass der alemannische Häuptling Zeino dem Dorf den Namen verlieh. Von wechselnden Machtverhältnissen, Schicksalsschlägen wie Pest, Bränden und Plünderungen, Kriegswirren, Armut und dem leidigen Grenzthema berichtet die Zeininger Chronik.

Wenn Sie mitten in Zeiningen bei der Post aussteigen, halten Sie sich rechts Richtung Sunnenberg. Sie folgen fortan dem Fricktaler Höhenweg, der 1988 von Wanderfreunden initiiert wurde. In einer Gesamtlänge von etwa 60 Kilometern führt er von Rheinfelden über die markanten Höhenzüge des Tafeljuras, nach Frick und weiter bis ins Weindorf Mettau (oder anders herum). Und das bedeutet: Immer dem blauen Schild mit dem Wappen nach, das auf weissem Grund ein grünes Lindenblatt zeigt: das Hoheitszeichen des nur kurze Zeit

Schön anzusehen: Veilchen

Frühlingslockruf Sunnenberg **49**

bestehenden Kantons Fricktal (1802–1803).
Gemütlich spaziert es sich durchs Mitteldorf. Der reizende 2000-Seelen-Ort hat sich in den letzten Jahrzehnten vom Bauerndorf zu einem Wohndorf gewandelt. Als besondere Sehenswürdigkeit gilt die St. Agatha-Kirche mit schönem Altar und Kanzel und kunstvollen Fresken. Bei der Einmündung zur Mühlegasse stehen das alte Schulhaus und der Gasthof «Zur Taube», der letzte historische von Zeiningen. Eine Besonderheit ist sicher das Tavernenschild im Louis-XVI.-Stil (1800), das unter kantonalem Denkmalschutz steht. An der Pizzeria halten Sie sich links und gehen die Leimgasse dorfaufwärts. Bald gehts rechts in den Bachtelenweg, auf dem Sie das Dorf verlassen. Schlüsselblumen und Buschwindröschen säumen den Wegrand, rechts murmelt ein Bächlein. Bald kommen Sie an einem Marienaltar vorbei, der, wie es scheint, gerne aufgesucht wird. Ein breiter Naturweg führt gemächlich hinauf zum Sunnenberg, durch einen lichten Wald. Es ist eine Wonne, dem Erwachen und Spriessen der nicht mehr aufzuhaltenden Natur beizuwohnen. Schlanke hohe Buchen, Ahorn, Eschen, Eichen und zarte Bodenpflanzen beginnen ihre saftig grünen Blätter dem Licht entgegenzustrecken. Fröhlich zwitschert und gurrt und klopft es aus dem Blätterwerk. Wie kleine violette Augen blinzeln Veilchen aus der Erde.
Und es duftet stark nach Knoblauch. Eine riesige Bärlauch-Familie ist hier heimisch geworden und bevölkert üppigst den feuchten, nährstoffreichen Boden. Der Bärlauch, im Volksmund auch Hexenzwiefel, Waldknoblauch, Zigeunerlauch genannt, fand bereits in der Jungsteinzeit Verwendung. Die gelbgrünen Blätter hatten bei germanischen Stämmen den Ruf, zur richtigen Zeit mutig zu machen. Bis heute findet der Vorbote aller Wildpflanzen Einzug in die Heilapotheke und Küche.

Erinnert an altes Grenzland

Kehre um Kehre schrauben Sie sich nach oben. Es grünt so grün, maigrün, lindgrün, gelbgrün, schwarzgrün.

Sie befinden sich im stattlichen Waldreservat Sunnenberg, wo der grösste eichenreiche Laubmischwald im Kanton Aargau steht. 925 von den 1000 mächtigen Eichen sind bis ins Jahr 2050 geschützt. Die Baumgestalten sind ökologisch besonders wertvoll, da sie eine Vielfalt an Tieren beherbergen oder Schutz bieten, etwa dem bedrohten Mittelspecht; bis zu 1000 Jahre alt werden die starken Eichen. Ein Teil, knapp 50 Hektar, ist Naturwaldreservat, das heisst, jegliche Pflegeeingriffe und Holzernte sind untersagt. Der Wald bleibt sich selbst überlassen und kann sich natürlich entwickeln, sodass günstiger Lebensraum für Flora und Fauna entstehen kann.

Auf dem schönen Gratweg kommen Sie an moosbewachsenen verwitterten Grenzsteinen vorbei, die an die frühere Grenze zwischen dem Hoheitsgebiet der Habsburger und der Eidgenossenschaft erinnern.

Nach gut einer Stunde Aufstieg dann die Gipfelfreuden. Der Sunnenberg hält, was er verspricht. Das grossflächige Plateau mit Feuerstelle und vielen Bänken ist ganz der Sonne ausgesetzt. Ideal zum Sonnen, Rasten, Essen, Schauen. Unten im Tal ist gut sichtbar das Dorf Maisprach, um das, wie den Infotafeln zu entnehmen ist, zahlreiche Sagen und Missverständnisse um die einstige Grenzziehung kursieren.

Dass hier auf der Bergkuppe eine so grosse freie Fläche mit Traumblick existiert, ist seit dem Sturm

Ähnelt einem Kastell, der Aussichtsturm

Kirschblütenzeit

Lothar so, der sämtliche alten Bäume wütend «gefällt» hat. Ein Aussichtsturm, der an eine alte Burg erinnert, ragt dominant in die Höhe. Mit 50 Rappen sind Sie dabei: Holzstufen führen den 100-jährigen Turm hinauf und bescheren eine phänomenale Rundumsicht auf Glärnisch, Titlis, Wetterhörner, Berner Alpen, Wasser- und Geissflue, auch in den Schwarzwald mit Belchen und Blauen sowie auf die Erhebungen des Baselbiets und St. Chrischona. Wer sonntags den Sunnenberg hinaufsteigt, wird am Turm bewirtet, von einem Turmwart der Möhliner Naturfreunde.

Nach der Rast gehts weiter durchs geschichtsträchtige Grenzland zwischen Baselland und Aargau.

Kirschblütenzeit

Der Fricktaler Höhenweg führt beim Turm abwärts, durch einen lockeren Buchenwald. Waldmeister und Hainsimse besiedeln den feuchten Waldboden. Für die Kelten war die Buche ein heiliger Baum. Die Germanen nutzten die Buchen als Orakel: die in Stäbe aus Buchenholz eingeritzten magischen Zeichen dienten zur Befragung der Götter – daher rührt unser heutiger Name Buchstabe. Auch in diesem frischen Wald wütete Sturm Lothar entsetzlich und richtete grossen Schaden an, doch er hatte auch etwas Positives: Von einem Tag auf den anderen sorgte er für mehr Lebensraum und mehr Helligkeit in den häufig sehr dunklen Wäldern. Von dem zusätzlichen

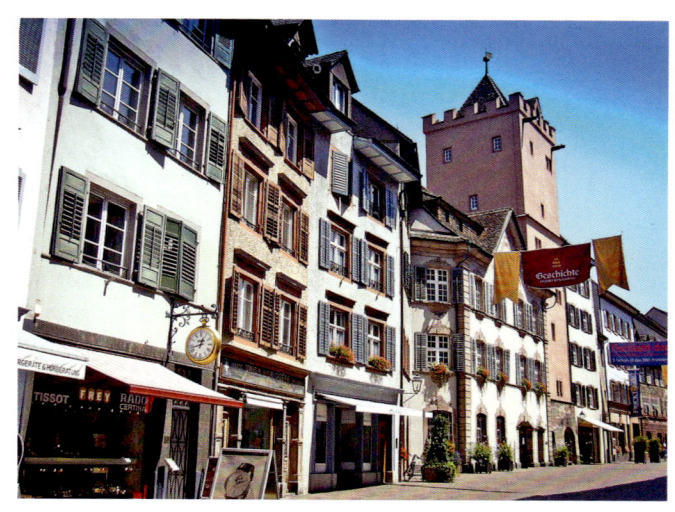

Flair der Marktgasse von Rheinfelden

Licht konnten anspruchsvollere, lichthungrige Pflanzen Nutzen ziehen und auch Tiere fanden neuen Unterschlupf.

In grossen Schlaufen erreichen Sie in knapp 20 Minuten den Talboden. Zunächst schlendern Sie entlang des Waldrandes, gespickt mit einigen Picknick- und Grillstellen, und bald schon betreten Sie eine offene Weite. Eine herrliche Sicht auf die sanft in Wellen gelegte Landschaft mit den Dörfern Maisprach und Magden tut sich auf.

Prägendes Element sind die Hochstammobstbäume. Ein weisses Meer legt sich im Frühling über die Wiesen, wenn die Kirschen in voller Blüte stehen. Zauber pur! Eine Weile vagabundieren Sie nun durch obstbaumreiches Gefilde, das mit stets neuen Landschaftsmosaiken erfreut.

Am Chlei Sunnenberg gehts vorbei, ein ebener Höhenzug oberhalb Magdens führt schliesslich zur Kuppe des Galgens. Von dort gehts den bewaldeten Steppberg hinab nach Rheinfelden, der ältesten Zähringerstadt der Schweiz. Entspannt kann der Wandertag ausklingen. Unten am Parkplatz Eremitage gehen Sie rechts, am Kreisel vorbei, über die Brücke der lauten A3, hernach werden Sie nach links und direkt zum Bahnhof gelotst.

Rheinfelden, direkt am Rhein gelegen, lockt mit einer pittoresken Altstadt. Zahlreiche Sehenswürdigkeiten, etwa die Johanniterkapelle, die alte Stadtbefestigung mit ihren vier Türmen, Adelshäuser, Rathaus und historische Gasthäuser zieren den alten Stadtkern. Die historische Marktgasse mit ihren bunten Fassaden und eng aneinander geschmiegten Häusern ist ein Besuch wert. In der kopfsteingepflasterten Fussgängerzone mit zahlreichen Geschäften und Cafés pulsiert das Leben. Sehenswert ist auch die steinerne Brücke, die das schweizerische mit dem badischen Rheinfelden verbindet. Die Stadt birgt auch die grösste Bierbrauerei der Schweiz, das Feldschlösschen. Und wer nach der Wanderung das Bedürfnis nach Wellness verspürt, geht einfach in die Therme. Übrigens, einer Sage zufolge soll das tapfere Schneiderlein während des Dreissigjährigen Krieges Rheinfelden von den Schweden befreit haben …

Kurz die Geschichte des Fricktals

Als 1415 die Eidgenossen Aargau eroberten, besetzten zur Sicherung der Juraübergänge die Berner auch die nördlichen Ausgangspunkte der Passstrassen (Effingen, Hottwil, Bözen usw.). Bis zum Jahr 1801 blieb das politische Fricktal (bestehend aus den heutigen Bezirken Laufenburg und Rheinfelden) ein Teil des vorderösterreichischen Kaiserreichs. Das Fricktal litt unter den Wirrungen des Dreissigjährigen Kriegs ganz erheblich. Mord, Plünderungen durch schwedische Krieger und Brandschatzungen waren an der Tagesordnung. Der Einmarsch der Franzosen ins Fricktal im Jahr 1799 war erneut von Plünderungen begleitet. Die Donaumonarchie musste 1801 auf das Gebiet, das ihr seit 1386 gehörte, verzichten. In der Folge gründete ein Waldshuter Arzt, Dr. Sebastian Fahrländer, im Jahr 1802 den Kanton Fricktal. Doch nur kurz sollte es bestehen, wirtschaftlicher Bankrott wurde zur Realität. 1803 wurde die Republik dem neu geschaffenen Kanton Aargau zugeteilt. Im Aargauer Wappen symbolisiert einer der drei Sterne das Fricktal. (Quelle: Max Mahrer, Möhlin)

7 Sonnige Aussichten am Belpberg

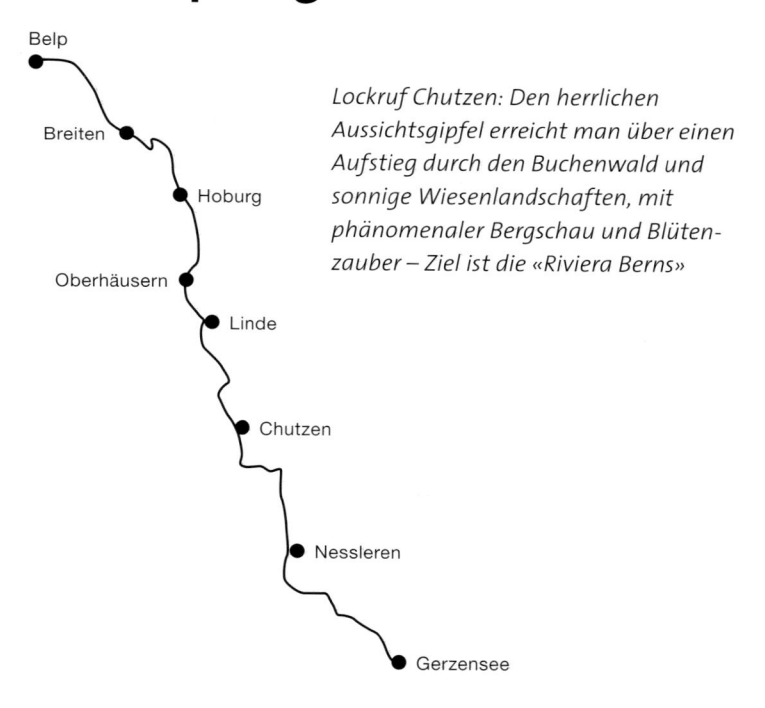

Lockruf Chutzen: Den herrlichen Aussichtsgipfel erreicht man über einen Aufstieg durch den Buchenwald und sonnige Wiesenlandschaften, mit phänomenaler Bergschau und Blütenzauber – Ziel ist die «Riviera Berns»

Route: Belp (522 m ü. M.) – Hoburg (792 m ü. M.) – Oberhäusern (800 m ü. M.) – Belpberg/Linde (802 m ü. M.) – Chutzen (892 m ü. M.) – Simmleren (811 m ü. M.) – Gerzensee (646 m ü. M.)

Wanderzeit: 3 Std.

Wegstrecke: 12 km

Anreise: Mit dem Zug von Bern nach Belp

Rückreise: Mit dem Postauto von Gerzensee (Post) nach Wichtrach, weiter mit dem Zug nach Bern

Frühling im Buchenwald

Am Bahnhof Belp startet die panoramareiche Wanderung über den Belpberg. Die gelben Wegweiser lotsen Sie sicher durchs charmante Dorf (immer Richtung Belpberg/Chutzen, via Hoburg). Hier und da kann man einen kleinen Umweg machen, etwa zur schönen reformierten Kirche oder ins lebendige Dorfzentrum mit den kleinen Läden. Über die Gürbe gehts und an der urigen Bäckerei vorbei, wo Sie sich noch mit Proviant versorgen können.

Schon bald kehren Sie dem Dorf mit den herrlich alten Oberländerhäusern den Rücken. Vor Ihnen erhebt sich der sanft von Gletschern geformte Belpberg. Welch Augenweide: Links und rechts des schmalen Teersträsslein erstreckt sich saftiges Wiesen- und Weideland, dazwischen grasende Kühe, die Kulisse bilden schneebedeckte Berner Alpen.

Nun gilts, den Belpberg zu erklimmen, der sich zwischen Gürbe- und Aaretal erhebt. Insgesamt ist er 11 Kilometer lang und 2 bis 4 Kilometer breit. Seinen höchsten Punkt, den Chutzen, erobern Sie heute in knapp 2 Stunden.

Wenn Sie beim Bauernhof Breiten sind, gehen Sie links herum und nehmen den schmalen Pfad nach oben. Ein prächtiger, etwa einstündiger Aufstieg beginnt, bei dem es ein bisschen Kondition braucht. Rechter Hand gluckst ein Bächlein, gesäumt von Veilchen und Buschwindröschen.

Gleich zum Einstieg: fabelhaftes Panorama

Gleich sind Sie im Wald. Zum Teil gehts nun steil bergauf, über Treppen und Wurzeln, links fällt senkrecht der Fels ab. Zur entsprechenden Jahreszeit erobert der Bärlauch den Buchenwald und bildet einen grünen Bodenteppich, von knoblauchartigem Duft durchzogen. Grünkraft und Waldesstille überall. Achtung: bei Nässe besteht Rutschgefahr! Irgendwann ragt spektakulär ein Felssporn in die Höhe – nun ist es nicht mehr weit zur Ruine Hoburg. Allerdings finden sich auf dem steilen Kegel des Burghügels nur noch spärliche Mauerspuren und -reste der Bastion, die vermutlich 1298 von Bernern erfolgreich zerstört wurde. Forschungen zufolge soll hier einst ein hoher, schlanker, quadratischer Turm gestanden haben.

Der Wurzelpfad setzt sich fort, im Hintergrund das Tschilpen und fröhliche Gezwitscher der Vögel. Changierende Grüntöne und der stets wechselnde Lichteinfall sind wohltuend fürs Gemüt.

Völlig unvermittelt kommen Sie im Weiler Hoburg heraus. Jetzt haben Sie die Wahl: spitz rechts führt der Wanderweg nach Belpberg/Chutzen. Ein lauschiger Naturweg, entlang von Weiden und durch stillen Wald, schleust Sie in 50 Minuten auf den für heute höchsten Punkt. Oder Sie gehen auf dem Teersträsslein durch den kleinen Ort und über die sonnige Hochebene – die zweifelsohne aussichtsreichere Variante hoch zum Chutzen.

Verträumter Belpberg

Wenn Sie geradeaus (nicht als Wanderweg markiert) durch Hoburg spazieren, fallen sogleich die gepflegten Bauernhäuser mit den Holzbeigen und prachtvollen Gärten auf.

Es ist ein Genuss, durch diese friedlich anmutende Landschaft zu wandeln. Wohin man schaut: grasende Kühe, Pferde, Landwirte, die auf Hochtouren ihre Äcker bestel-

Zauberhafte Waldstimmung

Sonnige Aussichten am Belpberg

Gehöft am Weg

len. Erwachende spriessende Natur allerorts: weissrosa Kirsch- und Apfelbäume, rote Tulpen, gelber Löwenzahn, bunt pulsierende Bauerngärten. Und dann dieser unendlich weite Blick gen Süden auf die verschneiten Berner Alpen, die sich bilderbuchschön in Szene setzen: unter anderem die Schrattenfluh, das Brienzer Rothorn, Eiger, Mönch und Jungfrau, die Gantrischgletscher. West- und ostwärts tauchen die sanften Hügel des Emmentals auf.

Auf der beinahe verkehrsfreien Strasse gehts durch Oberhäusern und Belpberg/Linde, begleitet von einem weissen Meer aus Blüten und Schnee. Der Frühlingsstreifzug auf dem Belpberg hat Flair, immerzu konkurrieren die Eisriesen aus der Ferne mit den Obstbäumen. Ab Linde ist der Weg wieder markiert, hier gehts rechts Richtung Belpberg/Chutzen. Noch ein Stück wandern Sie entlang von sattgrünem Weide- und noch braunem Ackerland, bis Sie das einzelne

Gehöft erreichen. Hier steigen Sie rechts den ziemlich steilen Wiesenhang hinauf, passieren das kurze Waldstück und gehen am Grillplatz links. Nur noch 10 Minuten Aufstieg und Sie sind auf dem Chutzen. Der Aussichtsgipfel mit Bank verspricht erneut grandiosen Fernblick. Noch näher, noch eindrücklicher präsentieren sich hier die Berner Alpen, die nun anhand einer Karte genau identifiziert werden können. Links unten zum Greifen nah: Münsingen.

Zur «Riviera Berns»
Nun wandern Sie eine Weile lang abwärts, immer Richtung Gerzensee. Wer möchte, kann im nahen Restaurant «Chutzen» auf der Sonnenterrasse etwas Leckeres essen, trinken und geniessen. Zuerst gehts Treppenstufen runter, dann entlang von Kuhweiden auf einen Trampelpfad. Der Panoramaweg quer durch die satten Matten wird bald breiter, nach wie vor bestimmen blühende Obstbäume, gelber Löwenzahn und ferne Gipfelriesen die Szene. Von Simmleren sind es noch 40 Minuten nach Gerzensee. Sie durchstreifen weiter ländliches Gefilde, in Nessleren nimmt Sie dann ein hoher Fichten- und Tannenwald auf. Am Waldrand/Grillplatz angelangt, wandern Sie links, auf breitem Naturweg flott abwärts. Endgültig den Wald verlassen Sie am grossen überdachten Grillplatz, wo erneut Alpenkette

Herrliche Fernsichten

Blick auf den Gerzensee

und Landidylle beglücken. Erstmals zeigt sich im Talboden der Gerzensee, unverbaut, mit Schilf und hauptsächlich von Birken umsäumt. Das Naturschutzgebiet ist im Besitz des «Studienzentrums Gerzensee» und an den meisten Stellen nicht der Öffentlichkeit zugänglich.

Zum nahen Dorf Gerzensee müssen Sie noch einmal kurz steil absteigen. Immer der Markierung folgend, kommen Sie direkt an der Bushaltestelle «Post» heraus.

Als «Perle im Bernerland» beschreibt im Jahr 1919 C.M. Reber das Dorf Gerzensee, das zu den «reizendsten Orten des bernischen Hügellandes» zähle. Noch heute strahlt der 1100-Seelen-Ort mit seinem ländlichen Charakter, dem See und der fabelhaften Sicht Charme aus. Je nachdem, wo man steht, sieht man auf den Gerzensee, Thunersee, die Berner Alpen, das Aare- und Gürbetal.

Wer noch durchs Dorf flaniert, dem stechen besondere Bauwerke ins Auge. Sie erinnern an vergangene Zeiten, als Gerzensee nicht nur ein Bauerndorf war, sondern von begüterten Damen und gnädigen Herren als geliebte Sommerresidenz galt. Mit gleich zwei Schlössern, manche sprechen gar von drei, wartet der Ort auf. Noch heute kann man dem einstigen Glanz nachspüren: bei dem Alten Schloss, dem Neuen Schloss und dem dazwischen liegenden Mittleren Schloss, dem sogenannten Rosengarten (um 1670). Bauernhäuser des Berner Stils aus dem 17. bis 19. Jahrhundert schmücken den alten Ortskern. Auffallend ist die in einer Nische am Hang gelegene Marienkirche, die bereits 1228 urkundlich erwähnt wurde. Vermutlich befand sich an dieser Stelle, wo einige Quellen gefasst sind, einst ein keltisches Heiligtum, einer Quellgöttin geweiht. Nach wie vor ist Gerzensee ein beliebter Wohn- und Ausflugsort: der attraktive Südhang und das milde Klima wirken anziehend.

Die Herrschaften in Gerzensee

Wie Funde belegen, wurde das Gebiet um Gerzensee bereits im Neolithikum und der Römerzeit besiedelt. 1228 wurde der Ort unter dem Namen «Gercentse» erstmals urkundlich erwähnt, später dann auch «Gerzinse», «Gersense» genannt; er geht auf den althochdeutschen Personennamen «Gerzo» zurück, das «beim See des Gerzo» bedeutet. Im 13. Jahrhundert zählte Gerzensee zum Herrschaftsgebiet der Kramburger. Seit dem 15. Jahrhundert war die Herrschaft Gerzensee von verschiedensten Besitzerwechseln gekennzeichnet. Und ab dem 16. und 17. Jahrhundert liessen patrizische Familien aus Bern ihre Land- und Sommersitze am südlichen Hang bauen. In jener Zeit entstand auch ein Mineralbad im Thalgut, das sich weithin grosser Beliebtheit erfreute, jedoch im 19. Jahrhundert wieder ihre Tore schloss.

Das heutige Alte Schloss am Fuss des Festi-Hügels geht auf eine «veste» aus dem 13. Jahrhundert zurück, als die Ritter von Kramburg in einem bewohnbaren Wehrbau ihren Herrschaftssitz einrichteten. Durch Erbschaft und Kauf wechselten häufig die Eigentümer und 1518 fiel der Schutzbau einem Brand zum Opfer. Die Familie von Wattenwyl liess das Gebäude im spätgotischen Stil und steilem Walmdach neu errichten – und so präsentiert es sich in seiner heutigen Gestalt.

Im Lauf der Zeit gewann die Schönheit der Natur, die ländliche Idylle immer mehr an Bedeutung und so entstand um 1700 ein zusätzliches herrschaftliches Gebäude im französischen Barockstil. Samuel Morlot kreierte oberhalb des Gerzensees, inspiriert von Schloss Versailles, einen herrlichen Landsitz mit grossem Park und Lustgarten, das sogenannte Neue Schloss. Die verschiedensten Schlossbesitzer nahmen im Lauf der Jahre An- und Umbauten vor. 1980 wurde die Schweizerische Nationalbank Besitzerin des Neuen Schlosses und im Jahr 1986 eröffnete sie das Studienzentrum Gerzensee: eine Ausbildungs- und Begegnungsstätte für Zentralbanker aus aller Welt, Firmen und Institutionen, mit Seminarräumen, Hotel und Restaurant. (Quelle: Festschrift anlässlich des 25-Jahr-Jubiläums der Eröffnung des Studienzentrums Gerzensee)

8 Luzernerland aus der Vogelperspektive

Panoramareicher Weg von Schwarzenberg zum Chrüzhubel, ganz im Banne des Pilatusmassivs – wunderbare Weitblicke auf Vierwaldstättersee und Alpenkette – über blumige Wiesenhänge und stille Waldpfade ins wildromantische Eigenthal

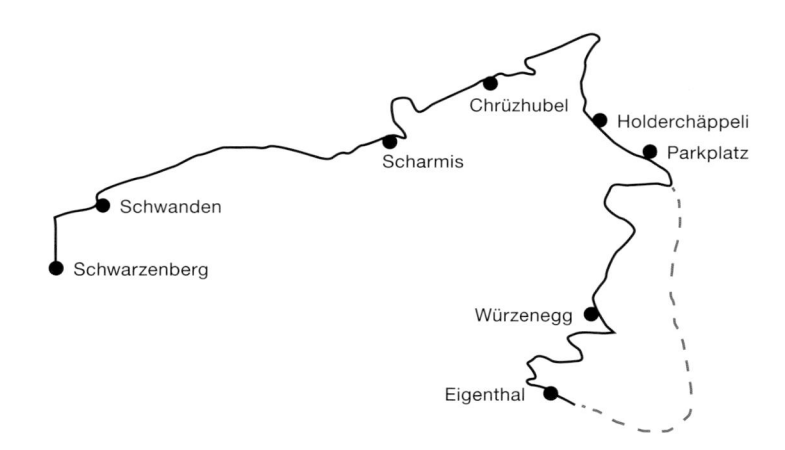

Route: Schwarzenberg (825 m ü. M.) – Scharmis (868 m ü. M.) – Chrüzhubel (990 m ü. M.) – Holderchäppeli (935 m ü. M.) – Würzenegg (1173 m ü. M.) – Eigenthal (1017 m ü. M.)

Wanderzeit: 3 Std.

Wegstrecke: 10 km

Anreise: Mit dem Zug von Luzern nach Malters, weiter mit dem Postauto nach Schwarzenberg (Ennenmatt)

Rückreise: Mit dem Postauto von Eigenthal (Eigenthalerhof) nach Malters, weiter mit dem Zug nach Luzern

Völlig losgelöst

Der Bus schlängelt sich von Malters rund 350 Meter in die Höhe, entlang elegant geschwungener Moränenhügel und durch kleine Örtchen. Auf dem Weg zur Sonnenterrasse beschleicht einen so richtig die Wander- und Entdeckungslust. Wenn Sie in Schwarzenberg/Ennenmatt aussteigen, orientieren Sie sich Richtung Scharmis (35 Minuten), das heisst, Sie marschieren an der Bushaltestelle links und nach 80 Meter rechts und auf der Schwandenstrasse aufwärts.

In Schwanden führt ein schmales Teersträsslein aufwärts, Richtung Chrüzhubel. Sogleich öffnet sich ein fantastisches Panorama, das Sie für eine Weile geniessen dürfen beim Streifzug über die Schwandenegg. Bald auf einem Feldweg, dann auf schmalstem Pfad, vagabundieren Sie völlig dem Alltag enthoben, zwischen Weiden und Kühen, leichtfüssig dahin. Weite, nichts als Weite. Sie schauen runter aufs nahe Malters, entdecken die silber glitzernde Kleine Emme und können das Luzerner Mittelland mit seinen bewaldeten Hängen im Kontrast zu den lieblichen Hügeln aus der Vogelperspektive betrachten.

Beinahe schwerelos fühlt man sich auf dem Höhenzug, gerne bleibt man stehen oder lässt sich auf der Aussichtsbank nieder. Beim Usserberg zeigen sich die ersten Häuser von Scharmis, das friedlich in eine wellige Wald- und Wiesenland-

Durch grüne Wiesen ...

Lamas am Fuss des Pilatus

schaft gebettet ist. Der gelben Raute folgend, gehts nun quer durch eine sattgrüne Frühlingswiese, vorbei an lockeren Baumgrüppchen.

An der Wegkreuzung Scharmis halten Sie sich Richtung Chrüzhubel. Rechts imponiert die schneebemützte Pilatuskette, die sich auf dieser Wanderung stets aufs Neue majestätisch präsentiert. In Kürze kommen Sie an einem gepflegten Gehöft vorbei, wo man zur Überraschung genüsslich weidende Lamas antrifft. Weitab ihrer fernen Heimat, den Anden, scheint es ihnen hier recht gut zu gehen.

An der kleinen Kapelle gehts links (immer der gelben Raute nach), ein Naturweg führt durch blühende Löwenzahnfelder bergauf, begleitet vom lauten Gebimmel des grasenden Braunviehs. Frühlingsschön ist es hier! Und zunehmend fordert die schroffe Bergwelt, die mit der lieblichen Gegend kontrastiert, Aufmerksamkeit.

Nach dem Aussichtsbänkli – das verführerisch zu einer kurzen Pause lockt – gehts ins Wäldchen. Und gleich beginnt ein spannender Gratweg, vorbei an starken alten Bäumen: Lärchen, Fichten, Buchen, Eschen, Stechpalmen, mit fabelhaften Fernsichten aufs Luzernerland und die Bergriesen.

Wow, entfährt es einem spontan angesichts der erhabenen See- und Gipfelkulisse, wenn man am Aussichtspunkt Chrüzhubel steht (nur 2 Minuten vom Wegweiser Punkt 990 entfernt). Ein Grillplatz und Bänke mit Logenplatz laden zum Picknick!

Sie folgen weiter dem Wanderweg (zunächst Richtung Luzern/Sonnenberg). Es geht nun (teils steil) abwärts, durch den Wald und bald entlang des Waldrandes (gelb markiert). In Kürze taucht im weiten Feld eine auffällige Gruppe immens grosser schöner Tannen auf, die wie Kraftkegel gen Himmel ra-

Auf dem Gratweg

gen. Erneut werden Sie verwöhnt mit fabelhafter Sicht auf die vielen Arme des Vierwaldstättersees, den Rotsee, die Reuss, Sursee, Luzern und weit hinten die Rigiberge.

Sonnendurchflutet ist es, Sie schwelgen durch eine grüne Landschaft. Bei dem riesigen Schatten spendenden Baum mit den Wegweisern halten Sie sich rechts und marschieren zum nahen Holderchäppeli: ein einfacher, weiss getünchter Schrein mit Bänkli und Rundsicht um Kriens und Luzern. Weiter gehts links, kurz auf Asphalt.

Ins wildromantische Eigenthal
Am nahen Parkplatz Holderchäppeli gehen Sie auf breitem Wanderweg Richtung Eigenthal, entlang blühender Wiesen und Wald. Sie beschreiten jetzt auch den bekannten Klimaweg, der von Obergütsch über den Sonnenberg ins Ränggloch und hinauf ins Eigenthal führt. Intention ist es, für Umweltthemen, Nachhaltigkeit und sinnvolle Energienutzung zu sensibilisieren – zum Wohle aller. Die aufgestellten Tafeln enthalten wertvolle Tipps und aufschlussreiche Informationen.

Nach etwa 8 Minuten stehen Sie an einer Weggabelung: Hier haben Sie die Möglichkeit, geradeaus in 50 Minuten ins Dorf Eigenthal auf dem beschaulichen breiten Wanderweg (und Klimaweg) den Tag völlig anstrengungslos und sanft ausklingen zu lassen und im «Eigenthalerhof» zu vespern.

Wer sich noch ein wenig herausfordern möchte, geht hier rechts Richtung Würzenegg (35 Minuten) und von dort runter ins Dorf Eigenthal. Ein wunderbar stiller Waldweg führt Sie in die Höhe (immer der gelben Raute nach). Sie ziehen an stolzen Tannen vorbei, lichtdurchflutet ist es. Mitunter gehts auf ganz schmalem Pfad aufwärts, es wird dichter und wilder, ein eher wenig begangener Weg, wie es scheint. Waldschlüsselblümchen und Buschwindröschen setzen bunte Farbtupfer. Dann und wann öffnet sich der Weg und die Landschaft, mit Fernblicken auf den Alpenkranz vom Säntis zur Pilatuskette und das Luzerner Seebecken. Unwillkürlich taucht man ein in eine meditative Stimmung. Bis man schliesslich Würzenegg erreicht: ein von sanften Molassezügen modellierter Wiesenhang und ein Aussichtsplateau unmittelbar vor dem mächtigen Pilatusmassiv. Frei kann man atmen hier oben auf 1100 Meter Höhe – ein kleines stilles Paradies eben. Riesige ausladende Tannen dominieren den Waldrand, drum herum stehen grosszügig verteilt rustikale Bänke mit Grillstellen. Ideal also zum Rasten und Ruhen in der warmen Sonne oder im Schatten, für kurze oder längere Zeit.

Wenn Sie sich aufmachen runter ins Dorf, queren Sie entlang des Waldrandes die Egg und nehmen den schmalen Waldweg runter (gelb markiert). Es geht durch einen mächtigen Tannenwald, der, so scheint es, hervorragend in der Tiefe verwurzelt ist. Über viele Steine und dichtes Wurzelgeflecht steigen Sie flott abwärts. Sie befinden sich inmitten des wildromantischen Eigenthals, das sich über einen Halbkreisbogen von etwa 7,5 Kilometer, von der Trochenmattegg bis zum Talabschluss beim Meienstoss, er-

Fernab der lauten Welt, die Würzenegg

streckt. Zum Teil ist der Weg sehr steil (Achtung: Rutschgefahr bei Nässe), irgendwann leuchten zartgrün Lärchen hervor, dann erreichen Sie die Teerstrasse, wo Sie links ins Dorf Eigenthal gehen (nicht als Wanderweg markiert) und direkt am «Eigenthalerhof» rauskommen. Dort findet der Frühlingstag ein gelungenes Ende, auf der Sonnenterrasse oder im Restaurant mit letztem Blick auf den Pilatus, das alpine Wahrzeichen hoch über Luzern. Hungrige können jetzt die Spezialitäten des Hauses kosten: Cordon bleu und zum Dessert leckere Wähen.

Die Eigenthal-Sage
Mit aller Entschiedenheit erzählte der alte Senn Anton Balmer auf der Stäfelialp von Hexen, die auf dem Widderfeld den Schnee weggetanzt hätten, um ihre heissen Füsse zu kühlen!

Und, so erzählte man sich, in der Nähe der heutigen Kapelle im Eigenthal stand eine Scheune, in der regelmässig Hexensabbat gehalten wurde, zumal die Bäuerin selber eine Hexe war ... Weiter heisst es in Hans Pfisters Buch «Pilatus, Sagen und Geschichten»: «Der Knecht hörte einmal zu, wie seine Herrin ihrem Genossen (dem Teufel) klagte, ihr Mann habe den fruchtbarsten Acker für den Kornbau bestimmt. Da gab der höllische Meister der Hexe, die als Feindin von Brot galt, den Rat, sie solle sich, wenn der Dünger auf das Feld geführt werde, als Kröte hinten auf den Wagen setzen. Wenn es ihr gelänge, dass sie so auf den Acker geführt werde, würden die Halme nur leere Spreu hervorbringen. Als nach einigen Tagen gedüngt wurde, setzte sich die Frau wirklich als Kröte hinten auf den Wagen. Der Knecht aber, der um alles Bescheid wusste, schlug das Tier mit einem Stock zu Boden. Von dieser Zeit an hatte die Bäuerin ein lahmes Bein. Noch jetzt heissen die Gräben zwischen den Liegenschaften Füchsbühl und Würzen Hexengraben und Hexentobel. Die Hexen, die sich im Pilatusgebiet herumtrieben, sollen recht ‹gruselig› ausgesehen haben. Sie hatten gelbe Kleider, rote Haarsträhnen, zackige Nasen, schief stehende, schielende Augen und herabhängende Brüste. Als Geschirr zur Ausübung ihres unheimlichen Gewerbes trugen sie das Häfeli mit Salbe zum Viehverderben und Hagelmachen, dazu den unvermeidlichen Besenstil. Der Ausdruck ‹Hexenbesen› ist heute noch gebräuchlich für missgebildete Zweige an Tannen.»

9 Auf den Spuren des Mystikers Bruder Klaus

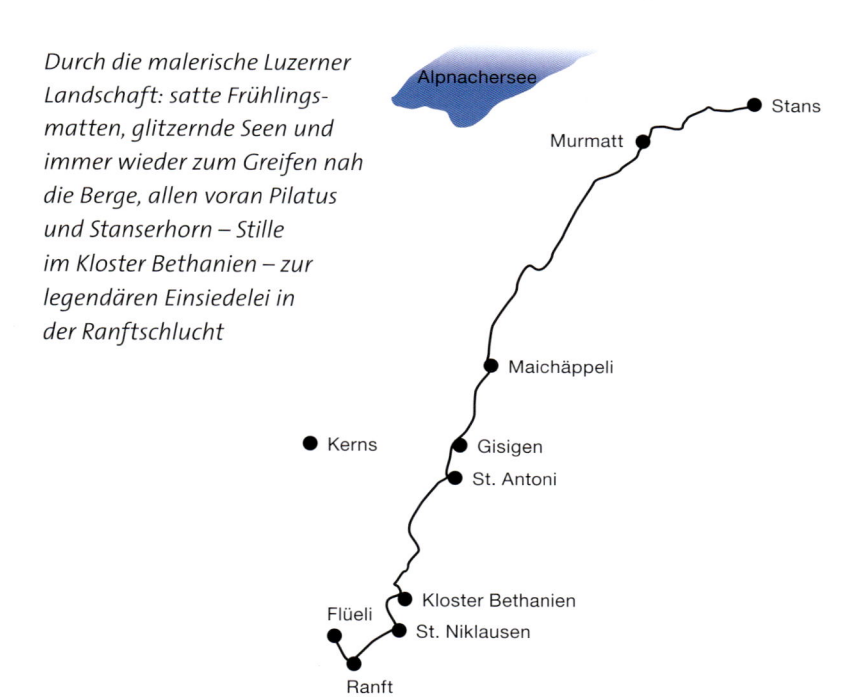

Durch die malerische Luzerner Landschaft: satte Frühlingsmatten, glitzernde Seen und immer wieder zum Greifen nah die Berge, allen voran Pilatus und Stanserhorn – Stille im Kloster Bethanien – zur legendären Einsiedelei in der Ranftschlucht

Route: Stans (451 m ü. M.) – Murmatt (605 m ü. M.) – Halten (528 m ü. M.) – Maichäppeli (630 m ü. M.) – St. Antoni (706 m ü. M.) – Kloster Bethanien (800 m ü. M.) – St. Niklausen (772 m ü. M.) – Ranft (645 m ü. M.) – Flüeli (728 m ü. M.)

Wanderzeit: 4 Std. 50 Min.

Wegstrecke: 16 km

Anreise: Mit dem Zug von Luzern nach Stans

Rückreise: Mit dem Postauto von Flüeli-Ranft (Dorf) nach Sachseln Bahnhof, weiter mit dem Zug

Stans ist voller Geschichten

Stans ist irgendwie Liebe auf den ersten Blick. Das Dorf ist umringt von schönster Seenwelt und imposanten Bergen – allen voran das mächtige Stanserhorn, der touristische Höhepunkt der Region schlechthin. Am Bahnhof folgen Sie dem Wanderweg Süd, gehen über die Bahngleise (Richtung Flüeli-Ranft) und erreichen über die Bahnhofstrasse das Dorfzentrum. Vielleicht haben Sie Lust, noch eine Weile durch die schmucken Gassen zu schlendern …

Wie sich beim Dorfspaziergang zeigt, betreten Sie geschichtsträchtigen Boden. Bis ins 2. Jahrhundert v. Chr. lassen sich menschliche Spuren zurückverfolgen, der Dorfkern zählt zum ältesten Besiedlungsraum des Nidwaldner Bodens. Dem Dorfbrand 1713 ist es zu verdanken, dass die Häuser im prächtigen Barockstil errichtet wurden. Der grosszügige Dorfplatz mit dem Winkelriedbrunnen, Rathaus und den herrschaftlichen Häusern hat Atmosphäre. Sehenswert ist auch die Kirche St. Peter und Paul (1647) mit dem romanischen Glockenturm. Daneben ist das Winkelrieddenkmal, das an die Schlacht von Sempach 1315 erinnert: Arnold von Winkelried, der lokale Held, opferte sich in der Schlacht, um dem Eidgenossenheer zu helfen. Das Dorf birgt schöne Sehenswürdigkeiten und historische Bauten, etwa das Höfli, auch Rosenburg genannt (13./14. Jahrhundert), das Winkelriedhaus (15. Jahrhundert) mit dem Nidwaldner Museum für Kultur und Brauchtum, das Kapuzinerkloster (1583) oder das Frauenkloster (1618), wo Heinrich Pestalozzi sich als Waisenvater engagierte. Reizend ist auch der Gang durch die schmale Schmiedgasse: Früher war es die Gasse der Handwerker, heute stehen hier beliebte Restaurants und Läden.

Für die 700-jährige Geschichte der Schweizerischen Eidgenossenschaft ist der Weg von Stans in den Ranft schicksalshaft bedeutsam. Denn damit verbunden ist nicht nur eine siegreiche Schlacht, sondern auch eine Sternstunde des Friedens: ein kleiner, freier Staatenbund wurde nämlich dauerhaft, trag- und entwicklungsfähig. Und so geschah es: Kurz vor Weihnachten, am 21. Dezember 1481 schliesst die Tagsatzung in Stans in unversöhnlichem Gegensatz zwischen Stadt- und Länderorten. Die Gefahr eines zerstörerischen Bürgerkrieges ist allgegenwärtig. Noch in dieser Nacht eilt, um sich Hilfe zu holen, Pfarrer Heimo Amgrund von

Stans in den Ranft zu Bruder Klaus, der in dieser Streitsache in aller Stille seit Langem wohlunterrichtet ist. Weiter heisst es: «Mit einem uns unbekannten Rat von Bruder Klaus eilt Pfarrer Amgrund ebenso zurück. Er bewegt, unter Tränen, die Tagherren, noch einmal zusammenzutreten. Und in nur zwei Stunden beschliesst die Tagsatzung mit der nötigen Einstimmigkeit eine einvernehmliche Lösung. Diese bannt nicht nur die Gefahr eines Bürgerkrieges, vielmehr bringt sie endlich den einheitlichen Bund der bisherigen acht Orte, die Öffnung für die Aufnahme der beiden Städte Freiburg und Solothurn und damit überhaupt die Erweiterungsfähigkeit des Bundes – und leitet beiläufig schon die Mehrsprachigkeit ein» (Aus: «Geistige Wegzeichen am Bruderklausenweg Stans–Ranft»).

Prächtige Landschaft

Zur Ranftschlucht

Bei der Kirche St. Peter und Paul beginnt der Weg nach Flüeli-Ranft. Zum 500-Jahr-Jubiläum «Tag zu Stans» wurde diese Route renoviert und als «Bruderklausenweg» markiert, dem es nun zu folgen gilt. Sie nehmen das Totengässli, gehen um die Kirche herum, dann gehts rechts die steil ansteigende Knirigasse hinauf.

Bald erreichen Sie die Kapelle «Maria zum Schnee». Laut Legende machten die Stanser bei einer drohenden Lawinengefahr ein Gelübde, dass, wenn das Dorf verschont bleibe, ein Kirchlein gebaut werde. Die grosse Lawine machte in der Kniri Halt, und die versprochene Kapelle wurde im Jahr 1689 just da errichtet, wo die Schneemasse einen Felsbrocken abgelagert hatte, der noch heute an der Chormauer aussen sichtbar ist.

Mit dem Aufstieg öffnet sich zunehmend der Blick. Blühende Obstbäume kontrastieren mit dem noch schneebedeckten Stanserhorn linker Hand, an dessen Fuss

Sie nun eine Weile wandern. Von seinem knapp 1900 Meter hohen Gipfel hat man eine Aussicht auf sage und schreibe 10 Schweizer Seen und 100 Kilometer Alpenwelt. Rechts bezirzt der Pilatus, ein weiterer kraftvoller Begleiter auf dem Weg. In der Ferne zeigt sich der Vierwaldstättersee bei Stansstad und bei Buochs, ebenso imposant der pyramidenförmige Vitznauer Stock.

Stimmungsvoll und farbenprächtig ist der Weg durch die grünen Matten. Bei Christenmatt kann man die ganze Ebene überschauen: den Bürgenberg im Nordosten und das Buochserhorn im Osten, den Rotzberg im Norden, im Hintergrund die Rigi und ein paar Schwyzer Berge. Und die Dörfer: Stans, Stansstad, Ennetbürgen, Buochs, Oberdorf.

Der sonnenexponierte Pfad entlang der Wiesenhänge entführt in eine typisch liebliche Luzerner Landschaft.

Nach etwa 30 Minuten erreichen Sie Murmatt mit einer Bank, die einlädt, die fantastische Aussicht zu geniessen. Einst war der Landstrich unterhalb der Stammsitz der Winkelried und noch heute heisst ein Heimwesen «Wichried». Wenn Sie gegen Nordwesten blicken, sehen Sie das längliche Drachenried bzw. Ennetmoos. Durch diese Ebene fliesst der Mehlbach, wegen seines weissen Wassers so genannt.

Auf der asphaltierten Flurstrasse gehts weiter entlang blühender Frühlingsweiden, stets verwöhnt

Im Banne des Stanserhorns

Auf den Spuren des Mystikers Bruder Klaus **71**

Bildstöckli und Statuen von Bruder Klaus zieren den Weg.

mit Fernblicken. Im Hintergrund ragt der Pilatus über dem Alpnachersee und Lopper auf. Zahlreiche Heimwesen befinden sich auf dem weiten Buckel des Mueterschwanderbergs. Bald pilgern Sie auf einem lauschigen Wiesenpfad, dann nimmt Sie ein Wald auf, gespickt mit lindgrünen Buchen und Tannen. Stille pur, eine sanfte Entschleunigung ... schliesslich gelangen Sie zum Rastplatz «Rohrnerberg». Unten an der Kantonsstrasse zeigt sich das schlicht in Weiss getünchte Rohrechappel. Immer wieder rücken neue Landschaftsszenen ins Bild, liebliche Hügel und Gehöfte und wie es typisch für den Weg ist: blühende Obstbäume vor erhabener Bergkulisse. Sie lassen den Weiler Halten rechts liegen, leicht und beschwingt gehts weiter, durch ein nach frischer Erde duftendes Waldstück und am idyllisch gelegenen Biohof Oberhofstatt vorbei. Hinter dem Moränenhügel sind nun gut sichtbar die Häuser und Kirche von St. Jakob.

Frühlingsgrün ist die nächste Waldpassage, von Eschen, Buchen, Weiden und Büschen gesäumt – Sie durchschreiten den Erlenwald und queren bald auf einer Brücke den Mehlbach und damit die Grenze von Nid- zu Obwalden.

Nun gehts durch das Heimwesen Äberen und gemütlich auf der Maistrasse durch den Acheriwald. Bald öffnet sich wieder die Landschaft, immer näher kommen verschneite Berge ins Gesichtsfeld: der nahe Arvigrat, die wilden Sachsler Berge, gar die Berner Alpen und Glaubenberg. Auf einem schmalen Teersträsslein erreichen Sie das Maichäppeli (1699), das noch immer warme Volksfrömmigkeit ausstrahlt. Die Bezeichnung kommt nicht vom Monat Mai, sondern von «Gemei», Gemeingut, das heisst in der «Allmend».

Ein kurzes Stück gehts nun Richtung Sand auf der Asphaltstrasse, dann links abbiegen und auf der

Am Hang von Gisigen

reizenden Naturstrasse sanft aufwärts marschieren. Ungehindert darf der Blick über Kerns und die Bergwelt schweifen. In Lätten tauchen originelle dunkle Bauernhäuser auf, die noch an alte Zimmermannskunst erinnern. Es geht rauf und runter, entlang eines Bächleins, eine Freude für alle Sinne.
In Gisigen rücken plötzlich markante Felsen heran – und dann das Staunen: rechts ein Pilgerstibli. Weite Teile des Bruderklausenwegs entsprechen auch dem Pilgerweg nach Compostela. Hier lässt sich wunderbar rasten. Man kann sich selbst bedienen und das Geld in die Kasse werfen. Als da gibt es Kaffee und Tee und Schokolade und Schnaps und Bier und Cola und Wasser und allerlei süsse Schokoriegel, auch Glace. Gerne nimmt man das Angebot an, setzt sich raus in die Sonne oder in die einfache gemütliche Stube. Welch gelungene Überraschung auf dem Weg, wo man sogar ein wenig seine Süchte befriedigen kann.
Der Weg schlängelt sich oberhalb von Kerns weiter, über satte Matten und zu einem Bach. Sie streifen einen Grillplatz, dann stehen Sie vor der Kapelle St. Antoni mit hübscher Fassadenmalerei und barockem Hochaltar. Hier gehen Sie Richtung Flüeli-Ranft, bald zweigen Sie links ab und steuern auf den Geländerücken der Egg zu. Ein traumhaftes Stück Weg beginnt.

Sagenhaft: die Egg

Von hier oben hat man wohl das schönste Panorama auf dem ganzen Weg. Die 2000er-Kernser Berge Gräfimattstand und Arvigrat hinter Ihnen, dann das Stanserhorn mit dem angrenzenden Aecherlipass und das Melchtal. Unter Ihnen liegt in schönster Lage Kerns, wo der Kirchturm dominant in die Höhe ragt. Bruder Klaus wurde dort getauft, Reste des alten Taufsteins sind noch vorhanden. Der Sarnersee schimmert aus der Tiefe und aus der Ferne winken Sarnen und Stalden. Dahinter zeigen sich der bewaldete Schlierengrat und Jänzigrat sowie das Schlieretal. Man wandelt und schaut, bleibt stehen und erfreut sich an der unverstellten Weite.

In Schärpfi gehts federleicht weiter durch Wiesenlandschaft, wo man auch Alp- und Bergkäse auf den Höfen kaufen kann. Zum Greifen nah die Berge und der Himmel, gar scheint es, man habe auf dieser Wanderung «Gepäck» abgelegt.

Sie kommen direkt am Kloster Bethanien vorbei, das vom Geist der Dominikanerinnen bestimmt wird. Die Kirche und Krypta mit ihrer wohltuenden Stille ist einen Besuch wert. Das Haus öffnet seine Tore grosszügig für Gäste, die Stille oder eine spirituell geprägte Umgebung suchen. Auf der Sonnen-

Weg runter zur geheimnisumwobenen Ranftschlucht

terrasse bietet sich eine gute Sicht auf den Sarnersee und die Obwaldner Berge, im Restaurant kann man Gaumenfreuden geniessen. Oder man hält einfach inne unter den Linden, auf einer der zahlreichen Bänke. Ja, schlichtweg ein göttlicher Platz.

Der aussichtsreiche Bruderklausenweg setzt sich fort, nun gehts abwärts nach St. Niklausen. Hier befindet sich eine der ältesten Kirchen Unterwaldens, die es aufzusuchen lohnt. Die schönen Malereien mit dem Freskenzyklus: Weltgericht, Leben Jesu und Legende des Heiligen Niklaus von Myra waren wohl für Bruder Klaus eine Art «biblisches Bilderbuch» und Inspirationsquelle. Vielleicht möchten Sie auch noch einen Abstecher zur nahen Möslikapelle

Ziel vieler Pilger: Einsiedelei mit den zwei Kirchen

machen, die 1484 für Bruder Ulrich, ein Gefährte von Bruder Klaus, erbaut wurde.

Sie werden nun sicher durch St. Niklausen gelotst, immer Richtung Flüeli-Ranft. In Kürze gehts in die Tiefe des Ranft – in nur 20 Minuten erreichen Sie auf dem wildromantischen Feldweg die zwei Kapellen und die Einsiedelei.

Zweifelsohne ist der enge Talboden mit der rauschenden Melchaa eine starke Gegend. Über die Brücke erreichen Sie zunächst die spätgotische Untere Ranftkapelle, die nach dem Tod von Bruder Klaus aufgrund der wachsenden Pilgerströme 1501 erbaut wurde. Die nahe Obere Ranftkapelle bauten ihm Freunde im Jahr 1468. Nachdem er seine Heimat und Familie verliess und sich auf Pilgerschaft befand, zeigten ihm vier Lichter den Pfad in den Ranft. Die noch weitgehend im Original befindliche Einsiedlerzelle ist an die Kapelle angelehnt. 20 Jahre verbrachte hier Bruder Klaus als Einsiedler, ohne jegliche Nahrung. Noch heute kann man sein Meditationsbild in der Zelle auf sich wirken lassen – der aussergewöhnliche Ort der Kraft und Spiritualität zieht nach wie vor zahlreiche Pilger an. Gerne verweilt man und erspürt die Atmosphäre.

Etwa 10 Minuten dauert der Aufstieg zum Flüeli: Malerisch liegt sie da, die Hochebene, die in die steilen Sachsler Berge übergeht. Bei einem Streifzug durch den kleinen Ort kann man Bruder Klaus' Geburtshaus am Fuss des Felsens und das Wohnhaus besuchen sowie die Flüeli-Kapelle. Vom Dorfplatz können Sie bequem mit dem Postauto nach Sachseln fahren. Auf steilem Weg kurvt der Bus nach unten, man schaut gebannt auf See und Berge. Wer noch Zeit hat, kann in Sachseln die Pfarrkirche aufsuchen, die seit 1679 das Grab von Bruder Klaus beherbergt; auch gibt es im Dorfzentrum seit 35 Jahren in einem stattlichen Bügerhaus das Museum Bruder Klaus.

Tipp: Wer noch Energie hat, kann auf dem «Weg der Visionen» runter nach Sachseln laufen. Der Wander- oder vielmehr Meditationsweg beginnt im Flüeli beim Geburtshaus von Bruder Klaus und endet in Sachseln an seinem Grab. Er enthält sechs Visionszeichen (fünf visionäre Erlebnisse wurden Niklaus von Flüe geschenkt, eines seiner Frau Dorothea), die jeweils zu gedanklicher Auseinandersetzung, Stille und Betrachtung inspirieren bzw. für ein neues Schauen auf Gott und die Welt sensibilisieren (reine Gehzeit: 45 Minuten).

Niklaus von Flüe
- *1417 wird Niklaus von Flüe auf dem Flüeli geboren.*
- *1145/46 errichtet er im Flüeli ein Haus, heiratet Dorothea Wyss.*
- *1447–1467: Ein aktives Leben als Bauer und Politiker beginnt, Niklaus wird in Rat und Gericht gewählt. In der angesehenen Bauernfamilie wachsen fünf Mädchen und fünf Knaben heran.*
- *1465 legte Niklaus nach harten inneren Kämpfen und langem Ringen alle Ämter nieder, der Ruf Gottes wird immer stärker, sein weiterer Weg ist noch unklar. Und wie es heisst, im Einverständnis von seiner Gattin Dorothea und seinen Kindern, verlässt er schliesslich die Familie. Am 16. Oktober 1467 lässt er alles, was ihm lieb war, zurück und bricht auf in die Fremde.*
- *1467/68 wird er nach langem Suchen durch eine göttliche Vision zurück in seine Heimat geführt. Im Ranft lässt er sich als Einsiedler nieder, er nennt sich ab jetzt «Bruder Klaus». Eine Kapelle und Zelle wird von seinen Mitbürgern errichtet.*
- *1469–1487 wird er von unzähligen Menschen aus dem In- und Ausland aufgesucht und um Rat gebeten, seine Zeitgenossen betrachteten ihn als «lebendigen Heiligen». Das Leben des Mystikers und Politikers lässt sich nicht leicht verstehen. Der unbequeme Heilige stirbt am 21. März 1487.*

10 Auf leisen Moorpfaden nach Küssnacht

Naturwege und Trampelpfade führen durch schönstes Riedland – Stille und Genuss pur am Natursee Wagenmoos – im Banne der «Königin der Berge», der Rigi, gehts durch blütenreiches Kulturland hinunter zum legendären Tell-Ort Küssnacht

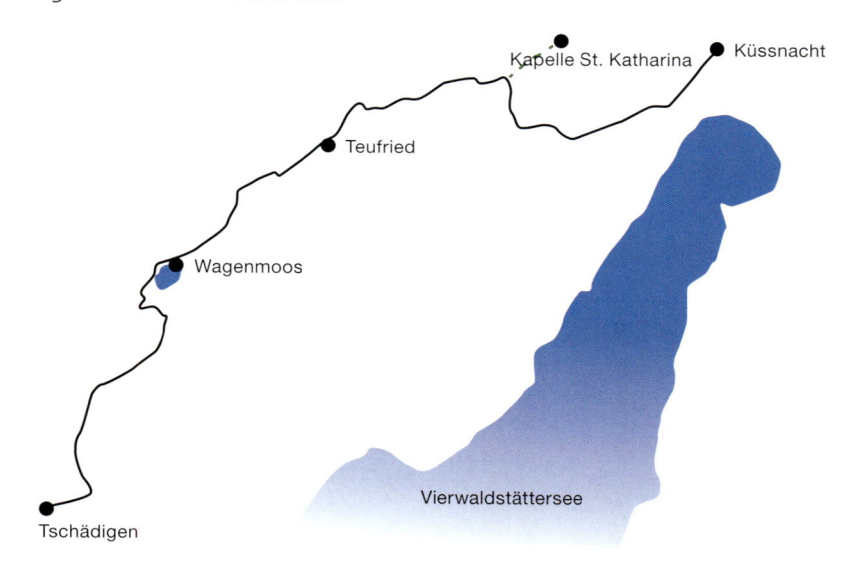

Route: Tschädigen (573 m ü. M.) – Grenztürli (618 m ü. M.) – Wagenmoos (603 m ü. M.) – Teufried (600 m ü. M.) – Küssnacht (457 m ü. M.)

Wanderzeit: 2 Std. 45 Min.

Wegstrecke: 9 km

Anreise: Mit dem Zug nach Luzern, weiter mit dem Bus nach Tschädigen (Meggen)

Rückreise: Mit dem Zug von Küssnacht nach Luzern

Elegante Metropole

Luzern, am nordwestlichen Zipfel des vielarmigen Vierwaldstättersees gelegen, ist umringt von sanften Hügeln und majestätischen Alpen. Dominant zeigt sich der Pilatus, der mit seiner unverwechselbaren Silhouette nicht wegzudenken ist vom Stadtbild. Die Metropole ist voller Flair und gilt als schönstgelegene Stadt der Schweiz. Und so entpuppt sich die knapp halbstündige Busfahrt hoch nach Tschädigen als kleine feine Sightseeingtour. Gleich zu Beginn erheischt man einen Blick auf das Wahrzeichen der Stadt, die älteste gedeckte Holzbrücke der Welt: die Kapellbrücke aus dem Jahr 1333, die sich über die Reuss spannt. Entlang des Quais ragen Prachtbauten in die Höhe, edle Hotels, Restaurants und Cafés, Brücken und Türme ziehen am Auge vorbei. Menschen flanieren ausgelassen am Seeufer. Und immer wieder ertönt das Signal der Schiffe: Raddampfer und Motorschiffe fahren täglich zu den berühmten historischen Orten und Bergbahnen am blauen See. Da gibt es etwa die Rigi- und Pilatus-Rundfahrt, die Villen- und Schlösserfahrt; genauso gut kann man einfach irgendwo andocken und nach eigenem Gusto wieder zurück nach Luzern tuckern.

Vielleicht möchten Sie später noch durch Luzern bummeln und die

Landidylle in Tschädigen

Bilderbuchschöner Berg- und Seeblick

malerische Altstadt mit den stattlichen Bürgerhäusern, alten Brunnen, Erkern und romantischen Plätzen erobern. Oder die bekannten Museggtürme, das Löwendenkmal und den Rathausturm von der Nähe bestaunen. Freilich lassen sich die unzähligen Sehenswürdigkeiten nur streifen, Luzern hat kulturell wie kulinarisch einiges zu bieten. Wer die elegante Stadt gründlich kennenlernen möchte, sollte etwa eine Woche einplanen.

Auf leisen Sohlen

An der Endstation in Tschädigen (Meggen) steigen Sie aus und gehen auf der Eichwaldstrasse Richtung Grenzentürli/Wagenmoos. Nur 2 Minuten von der Bushaltestelle entfernt, und vor Ihnen breitet sich malerisch der buchtenreiche Vierwaldstättersee aus, zum Anfassen scheinen die Luzerner Alpen, unter anderem Bürgenstock, Stanserhorn, Rigi und natürlich Pilatus. Für eine Weile können Sie sich an ländlicher Idylle und dem Panorama erfreuen, bis Sie an der Abzweigung links den Grenzentürliweg aufwärts gehen.

Schon bald ist es mucksmäuschenstill, auf dem Aussichtsbänkli lässt sich noch einmal die See-Berg-Inszenierung geniessen. Ein breiter Naturweg führt in eine friedliche Welt, entlang von Weiden voller Hahnenfuss, Löwenzahn und Sauerampfer.

Eine grasende Schafherde rückt ins Bild, schon bald erreichen Sie das Grenzentürli. Der Name verrät es bereits: Sie durchschreiten das Türli einer Grenze, nämlich die Kantonsgrenze Schwyz/Luzern. Nun gehts ins Wagenmoos, auf topfebenem Wanderweg, der bald in einen Trampelpfad mündet. Der Buchenmischwald ist so leise, bis auf die Rufe der Bunt- und Grünspechte. Brombeerdickicht, Rippenfarn und Klee wuchern am Boden, dann und wann huscht gar ein Eichhörnchen über den Weg. Sie sind inmitten des Naturschutzgebiets Meggerwald, das von über 20 schmalen, länglichen Mooren durchzogen ist. Im Anschluss an die Eiszeit bildeten sich hier in den Mulden vor 14 000 Jahren schönste Flach- und Hochmoore, die reichhaltige Lebensräume darstellen. Ein enormer Artenschatz verbirgt sich hier: 320 Gefässpflanzen, vorwiegend Moor- und Sumpfpflanzen, unzählige Arten von Amphibien, Insekten, Reptilien, Säuger und Vögel. Einige Moore sind sogar von nationaler Bedeutung und fallen unter den Schutz der Bundesverfassung. Auffallend ist, dass im Meggerwald viele Pflanzenarten gedeihen, die bevorzugt in der Bergstufe 700–1200 m ü. M. zu finden sind, etwa die seltenen nacheiszeitlichen Relikte wie Bergföhre, Eisenhut, Rigirolle oder Rippenfarn. Auf federnder Erde nähern Sie sich dem Wagenmoos, das noch im letzten Jahrhundert zum Torfstechen genutzt wurde. Bezaubernd ist es, wenn dann der kleine Weiher vor den dunklen Tannen in Erscheinung tritt und sich golden die Riedgräser im schwarzen Moorwasser spiegeln. Grasfrosch und Erdkröte laichen, die Moore dampfen, die 3 Hektar grosse Naturschutzfläche ist heute ein Amphibienlaichgebiet von nationaler Bedeutung. Aus der

Romantischer Natursee Wagenmoos

Tiefe hallt das Schnattern und Rätschen zahlreicher Wasservögel. Gerne amüsieren sich hier Reiher, Wild- und Stockenten und auch der Kuckuck ruft lauthals seine Frühlingsbotschaft in den Wald. Freudig tanzen Zitronenfalter, Kleiner Fuchs und andere Schmetterlinge zu den Blütenpflanzen. Eine feine Mooresstille breitet sich aus, die man an den Bänken mit Grillplatz wunderbar auf sich wirken lassen kann. Ein schöner Naturplatz, um Kraft zu tanken und sich zu entspannen.

Durchs Riedland

Nun gehts weiter Richtung Teufried, auf einem Trampelpfad entlang des Waldrandes und durchs Gehölz. Gut kann man sich vorstellen, dass hier einst ein für Mitteleuropa typischer Urwald war. Ein Waldföhrenwald, mit Birken vermischt, überzog die Nagelfluhrippen, während die Hänge von Buchen bestimmt wurden. In den nassen Mulden wuchsen Erlen, Eschen und Weiden, während Bergföhren die Hochmoore dominierten. Aufgrund forstwirtschaftlicher Eingriffe ist heute von der Vielfalt nicht mehr viel übrig geblieben.

Auf leisen Sohlen und weichem Untergrund durchstreifen Sie das Riedland. Frische Frühlingsluft weht Ihnen entgegen, irgendwann zeigt sich links ein Bächlein, das sich wie eine Schlange durchs Naturschutzgebiet Utligenswil bewegt. Naturliebhaber geniessen die Stille und Moorkraft in vollen Zügen. In Hasenried stossen Sie auf einen weiteren Grill- und Picknickplatz. Hier breitet sich eine für Flachmoore typische Vegetation aus, mit Binsen, Blüten und gepflegter Wiese.

Entlang des Flachmoors läuft es sich federleicht, bald kommen Sie an einem kleinen Altar und an der Grillhütte Teufried vorbei. Am Punkt 600/Teufried gehen Sie Richtung Küssnacht, weiter durch Wald und wertvolles Feuchtgebiet, schliesslich erreichen Sie die Teerstrasse. Dort lotst Sie der Wanderwegweiser 15 Meter nach rechts, dann links auf schmalem Pfad durch die offene Weide. Rechts er-

Im Teufenried

Auf leisen Moorpfaden nach Küssnacht   **81**

In Barbrämen

hebt sich nun gut sichtbar, wie ein riesiger Walrücken, die Rigi, «Königin der Berge». Das Massiv mit dem phänomenalen Aussichtspanorama geniesst zweifelsohne Weltruhm.

Sonniger Streifzug durch Wiesen und Weiler

Bald erreichen Sie ein Gehöft mit Schweinezucht, dort gehts auf der schmalen Teerstrasse abwärts und am Sonnenhöfli vorbei, Richtung Küssnacht. Sie tauchen ein in die Weide- und Wiesenlandschaft der Allmig, so als betreten Sie einen grossen blühenden Obstgarten: Kirsch-, Apfel-, Birn- und Pfirsichbäume zieren die Hänge. Wer möchte, kann auf dem Weg ins Tal noch einen Abstecher zur sehenswerten Kapelle St. Katharina machen. An dem Wegweiser gehen Sie links Richtung Haltikon, am Hirschpark vorbei und steil runter – etwa 10 Minuten, dann erreichen Sie die Kapelle mit dem bunt geschnitzten Barockaltar. Eine Besonderheit sind die vier Glasgemälde aus dem Jahr 1636 und die wertvollen Heiligengemälde.

Zurück am Wegweiser, schlängelt sich der Weg weiter runter nach Küssnacht über die Liegenschaft Barbrämen.

Atemberaubend ist die Sicht auf die Innerschweizer Alpenkette, Titlis, Stanserhorn, Schlossberg, Haldigreit. Tief unten funkelt der Vierwaldstättersee und malerisch gelegen Küssnacht, am Fuss der Rigi.

Das Finale ist gekrönt mit Weitblicken, bis Sie schliesslich den Bahnhof Küssnacht erreichen. Sie können entweder direkt mit dem Zug nach Luzern fahren: eine tolle kurzweilige Fahrt entlang des Sees, wo vor Ihnen erneut die Alpen vorbeiziehen. Noch romantischer ist allerdings die Rückfahrt nach Luzern mit dem Schiff. Vielleicht mögen Sie noch eine Weile im Seedorf verbringen, durch den historischen Ort bummeln oder was Feines essen. Wer noch mehr in Tuchfühlung mit der Rigi gehen möchte, kann mit der kleinen Seilbahn von Küssnacht zur 1000 Meter hoch gelegenen Seebodenalp fahren und einen fantastischen Blick auf den Pilatus, die Voralpen, gar bis zu den Vogesen und in den Jura geniessen.

«Durch diese hohle Gasse muss er kommen...»

Küssnacht erlangte insbesondere durch Schillers «Wilhelm Tell» Weltberühmtheit. Denn Tell, der Schweizer Nationalheld, stellte an diesem Ort dem despotischen Landvogt Gessler eine Falle. «Durch diese hohle Gasse muss er kommen, es führt kein andrer Weg nach Küssnacht» – mit diesen Worten lauerte Tell vor mehr als 700 Jahren seinem Feind auf, um ihn mit seiner Armbrust zu töten. Wer noch Energie hat und hautnah Historie erleben möchte, dem sei die dreistündige Rundwanderung durch die Hohle Gasse bis zur Gesslerburg empfohlen. Sie starten am Küssnachter Bahnhof, erreichen via Rotkreuzkapelle in einer Stunde die fabelhaft gelegene Kapelle St. Martin. Von hier sind es noch 45 Minuten zur legendären Hohlen Gasse: ein gepflasterter eindrucksvoller Hohlweg, von Fels umgeben. In weiteren 45 Minuten erreichen Sie die Gesslerburg mit ihrer wechselhaften Geschichte. Sie wurde von den «Edlen von Küssnach» errichtet, später überfielen die geknebelten Bewohner die Burg. Ihre zweite Blütezeit erfuhr sie unter den «Edlen von Silenen». Geschichtsschreibern zufolge soll hier auch der Landvogt Gessler residiert haben. Ab dem 16. Jahrhundert begann die Burg zu verfallen, später diente sie als Steinbruch beim Bau der Kirche von Küssnacht. In Kürze erreichen Sie über Teerstrasse und Treppenweg wieder Küssnacht.

11 Zum Tulpenfest nach Morges

Kulturelle Höhepunkte und Blütenpracht in Morges – Flanieren entlang des Genfersees – Naturpfade führen durch eine romantische Uferlandschaft – auf sonnigem Weg mit Blick auf Rebhänge gehts ins historische St-Prex

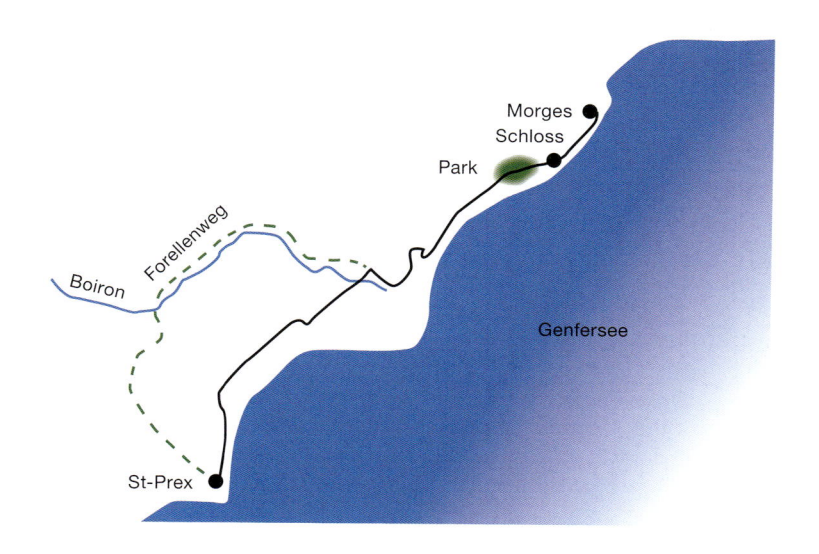

Route: Morges (374 m ü. M.) – St-Prex (378 m ü. M.)

Wanderzeit: 1 Std. 50 Min. (2 Std. 20 Min.)

Wegstrecke: 5 km (6,5 km)

Anreise: Mit dem Zug von Lausanne nach Morges

Rückreise: Mit dem Zug ab St-Prex

Blütenzauber

Die ersten warmen Tage am Genfersee zu geniessen, dazu lädt diese einfache Wanderung ein. Draussen sitzen, Cappuccino trinken, sich von der Sonne bestrahlen lassen, im Blumenpark flanieren und durch eine wilde Uferlandschaft ins malerische Städtchen St-Prex wandern, so könnte ein perfekter Frühlingstag aussehen.

Morges mit seinem charmanten mittelalterlichen Stadtkern, direkt am See gelegen und nicht zuletzt wegen des mediterranen Klimas ist seit Jahrhunderten ein Magnet für Kulturinteressierte und Erholungssuchende. Zahlreiche Berühmtheiten verbrachten hier inspirierende Tage und Jahre, etwa der russische Komponist Igor Strawinsky, der polnische Komponist Henryk Opienski oder die fantastische Schauspielerin Audrey Hepburn, die im nahen Tolochenaz 30 Jahre lebte. Das lebendige Winzerstädtchen zu erkunden, ist kulturell wie kulinarisch vielversprechend.

Kulturspaziergang

Auf einem Kulturspaziergang durch Morges erfahren Sie einiges über die Geschichte der 1286 von Ludwig I. Herzog von Savoyen gegründeten Stadt. Am Bahnhof führt die Rue Centrale direkt in die Altstadt, und nach nur wenigen Gehminuten quert die Grand Rue – eine autofreie Strasse voller architektonischer Schätze, die Sie auf eigene Faust entdecken können: Nr. 54 zeigt das einstige Haus des Barons von Montricher Guillaume de Willermin (um 1565) und heutige Museum Alexis Forel; der Haupttrakt von Nr. 60 entstammt dem Mittelalter, Nr. 70–72 zeigt herrliche Fassaden gotischen Stils, Nr. 69 ist das ehemalige Haus aus dem Jahr 1785 des Arztes Jean-Jacques Massy, der einem Zeitzeugen zufolge «mit der Eleganz der Berner Apotheken eingerichtet» ist. Heute noch ist hier eine elegante Apotheke beherbergt, fein verziert im Stil Louis XVII. Haus Nr. 71 ist mit raffinierten Kompositionen mit ionischen Pilastern und Balusterreihen versehen. Ganz in der Nähe taucht das Rathaus aus dem Jahr 1515 auf, mit eindrücklichen Wendeltreppentürmchen und monumentalem Portal. Es ist das älteste Waadtländer Rathaus im spätgotischen Stil, und wie unschwer zu erkennen, wurde es des Öfteren renoviert. Nr. 1 präsentiert sich als stattliches, neoklassizistisches Haus, früher als «Beauregard» bekannt. Daneben ist der Place St-Louis sowie der Place de l'Eglise mit

Wacht seit Langem über Morges: das Schloss

der schönen Barockkirche aus dem Jahr 1770 sowie das alte Pfarrhaus. Die Altstadt mit ihren zahlreichen Cafés, Restaurants und Geschäften hat Charme.

Wenn Sie auf der Rue Louis-de-Savoie (Parallelstrasse zur Grand Rue) Richtung See und Hafen gehen, entdecken Sie weitere herrschaftliche Häuser. Im ehemaligen Berner Speicher ist heute das Kulturzentrum und Paderewski-Museum beherbergt. Ein weiteres Prunkstück, direkt am See gelegen, ist das Casino mit seinen neobarocken Fassaden. Das milde Klima, das eine tropische Vegetation ermöglicht, zeigt sich besonders schön am gepflegten Quai mit seiner bunten Blumenpracht. Gegenüber dem alten Hafen (Ende des 17. Jahrhunderts wichtigster Handelshafen des Genfersees) ragen imposant die vier Rundtürme des Schlosses in die Höhe. Seit dem 13. Jahrhundert wacht dieser eindrückliche savoyardische Quadratbau über der Winzerstadt. Einst Festung und Wohnsitz savoyischer Grafen und Herzöge, später Residenz Berner Landvögte, heute ein Museum. In dem Kleinod sind das Waadtländer Militärmuseum, das Waadtländer Gendarmeriemuseum, das Artilleriemuseum sowie das Schweizer Museum für historische Zinnfiguren beheimatet.

Hinter dem Schloss ist der Eingang zum «Parc de l'Independence». Der rund 30 000 Quadratmeter grosse Park mit über 50 verschiedenen Baumarten, etwa kalifornische Mammutbäume, Himalaja-Pinien und über 250 Jahre alte Kastanienbäume, schmiegt sich elegant ans Seeufer. Anlässlich der 100-Jahr-

Tulpenpracht im Park

Feier zum Ende der Unterdrückung des Waadtlandes durch die Berner Vögte wurde der Park im Jahr 1898 geschaffen. Jedes Jahr feiert Morges hier die Rückkehr des Frühlings mit einem prachtvollen Tulpenfest, das sechs Wochen lang dauert (April bis Mitte Mai). Die 1971 ins Leben gerufene Blumenschau lockt alljährlich Hunderttausende von Menschen; untermalt wird das Blütenfest von verschiedensten Wochenendveranstaltungen und Konzerten in den Pavillons und für Speis und Trank ist auch gesorgt. Der labyrinthartige Gang durch den öffentlichen Park (kostenloser Eintritt) über kleine Brücken, vorbei an Findlingen, historischen Denkmälern, Monumenten und Herkulesbrunnen und den kunstvoll gestalteten Blumenbeeten ist ein

---

Noch mehr Blumen

Wer am Genfersee Richtung Lausanne läuft – zwischen dem Schloss von Morges und dem Parc de Vertou –, taucht von Mitte Juli bis Oktober in ein Meer aus Dahlien ein: An der über 1,5 Kilometer langen Promenade von Morges werden mehr als 1300 Dahlien sorgsam gepflanzt, über 80 verschiedene Sorten strahlen dann um die Wette.

8 Kilometer von Morges entfernt (gut per Bus zu erreichen), befindet sich das Schloss Vullierens, in dessen historischen Garten sich eine herrliche Sammlung von Iris befindet. Mehr als 600 Arten Iris blühen in unterschiedlichsten Tönen von Mitte Mai bis Mitte Juni, von Juli bis Mitte August sind Taglilien zu bestaunen.

einziges Fest für die Sinne. Man taucht förmlich ein in einen Rausch voller Farben und Düfte. Zweifelsohne sind ab April die Tulpen hier die Königinnen. Rund 150 000 leuchten in über 300 Sorten in den schönsten Farben und zartesten Nuancen. Aber auch Narzissen, Hyazinthen und Krokusse zieren in Weiss, Rot, Pink und Gelb wunderbar den Park. Lange mag man hier verweilen und den Frühling in all seiner Fülle und Grünkraft einatmen.

Flanieren am Seeufer

Sie verlassen den «Parc de l'Independence» am anderen Ende über eine Brücke (Richtung Rolles/St-Prex, stets dem gelben Wanderwegweiser folgend). Es geht am Spielplatz vorbei, weiter auf der Promenade Général Guisan und direkt auf den Genfersee zu. Bald sind Sie auf dem Sentier-Natur, ein im Jahr 1993 von Schülern liebevoll errichteter Pfad mit Tümpeln, Seerosen sowie Infotafeln zur reichen Tier- und Pflanzenwelt. Aus dem Schilf ratscht und schnattert und flötet es. Welch Genuss, an den Ufern des Genfersees zu spazieren und die Stimmung einzufangen. Imposant der Mont Blanc und die Savoyer Alpen, welche die Kulisse bilden.

Sie gehen an dem Kiosk vorbei und dann quer durchs Yachthafenviertel, bis zu den Wegweisern.

Halten Sie sich Richtung St-Prex, hier beginnt auch der Sentier de la Truite, der Forellenweg, wo auf zwölf Schildern die lokale Tier- und Pflanzenwelt bzw. die historischen Pfahlbauten erläutert werden. Im Fokus steht selbstredend der «Fisch im Genfersee»: Vorkommen (u. a. Forellen, Karpfen, Aale, Barsche), Lebensbedingungen, Nahrung, Fischfang usw. Die Pilgermuschel zeigt, dass hier auch ein Teil des Jakobswegs nach Compostela verläuft.

Genuss am Genfersee

Auf dem Forellenweg

Ein herrlich verschlungener Naturweg führt durch die Uferlandschaft mit schönem Wald voller Buchen, Kastanien und Platanen. Pfade führen dann und wann runter an den See, wo laut die Wellen plätschern und Möwen segeln. Die lauschigen Sandbuchten verleiten, sich ans Wasser zu setzen. Körper und Seele können in Balance kommen.

Nach einer Weile verabschieden Sie sich vom See und gelangen an die Mündung des Boiron. Nun gehts entlang des Flusses, durch einen Tunnel hindurch und weiter auf sich windendem schmalem Weg (immer der gelben Raute nach). Obstplantagen tauchen bald auf, nach dem Bienenhaus gehts wieder in den Wald, links aufwärts und weiter auf verschlungenem Pfad, bis Sie vor einer Weggabelung stehen.

Nun haben Sie die Wahl: Wer den Forellenweg bis zum Schluss gehen und noch tiefer eintauchen möchte in wildromantische Waldnatur, geht hier geradeaus durch den Tunnel und erreicht in 1 Stunde St-Prex. Der bestens markierte Pfad durch den lichten Frühlingswald voller Buchen und Eschen ist ausgesprochen reizend. Ebenaus und rauf und runter, über Brücken und Stege wandernd, immer in Begleitung des mäandrierenden Flusses, erleben Sie puren Pflanzenreichtum. An ruhigen Buchten, wo die Sonne durchs Blätterdach strahlt, kann man sich gut niederlassen.

Sonnenhungrige gehen an der Weggabelung links weiter auf dem Jakobsweg, von hier sind es noch 35 Minuten nach St-Prex. Der kürzere Weg nach St-Prex führt über Treppenstufen aufwärts und dann entlang der Bahngleise; ausgesprochen sonnig ist der Feldweg, es geht an gelb blühenden Frühlingswiesen und Kartoffelacker vorbei, weit oberhalb des Genfersees.

Bald marschieren Sie durch einen Tunnel und setzen den Weg rechter Hand der Gleise fort. Weinberge ziehen sich den Hang hoch, die Winzer haben hier mit viel Geduld und Können die vom Aussterben bedrohte Rebsorte Servagnin gepflanzt. Der bereits vor 600 Jahren in der Region eingeführte Servagnin war der erste in der Schweiz gepflanzte Pinot Noir. Rasch verbreitete sich der aus der Traubensorte gewonnene edle Wein, wurde jedoch insbesondere seit Anfang des letzten Jahrhunderts von ergiebigeren Rebsorten bevorzugt und in den 1960er-Jahren fast ganz verdrängt. Heute gewinnt dank des Engagements der Weinbauern die Rebe ihr Prestige zurück.

Auf ebenem asphaltiertem Strässlein vagabundiert es sich beschwingt zum nahen St-Prex. Am Ortsrand angekommen, gehts rechts direkt zum Bahnhof, links erreichen Sie den Hafen und die alte Burg.

Spaziergang durchs historische St-Prex

Wie ein Dreieck ragt der alte Teil von St-Prex in den Genfersee, an dessen Spitze sich der Steg für Schiffe befindet. Im Jahr 1234 entschied das Stift des Lausanner Münsters, damaliger Eigentümer, auf dieser Halbinsel die Bevölkerung von Dracy anzusiedeln. Ein grosses Schloss mit Bergfried und

Sonniger Rebhang

Brunnen schmücken die Altstadtgassen

Gebäude wurden in jener Zeit errichtet sowie eine Stadtmauer, wovon heute noch Reste zu sehen sind (nördlicher Dorfeingang).

Wer durchs historische St-Prex spaziert, kommt bald zum Torbogen mit der imposanten Turmuhr – ein Wahrzeichen des Ortes. Am Giebel der Uhr steht auf der Nordseite: «Lassen wir die anderen reden und handeln wir lieber», auf der Südseite liest man: «Der Wachsame erahnt den Zeitpunkt seines Todes.» Wer genau das Zifferblatt betrachtet, entdeckt das Wappen von St-Prex, die Lilie.

Die pittoreske Grand Rue führt von der Turmuhr zum See. Meist zweistöckige bunt bemalte Häuser mit Gärten und Innenhöfen sowie zahlreiche Brunnen zieren die kopfsteingepflasterte Gasse.

Werfen Sie auch einen Blick nach oben, Sie entdecken interessante Häuserschilder wie einen Hahn, eine Krone, Trauben oder den Schutzheiligen der Schmiede, St. Eloi. Besonders reizend ist die alte Schmiede beim Tor (heute Verkehrsamt), das Gemeindehaus (Nr. 11) oder der Herrensitz Forel aus dem 13. Jahrhundert, an der Spitze des Quai du Suchet gelegen. Hier am Quai, am südlichsten Punkt des Orts, hat man ein gewaltiges Panorama, vom Moléson bis zur Dôle, dazwischen ragen die Freiburger Voralpen, die Waadtländer, Walliser und französischen Alpen majestätisch in die Höhe. Der in allen Grüntönen schimmernde Genfersee verzaubert, an seinen Ufern verweilt man gerne oder promeniert noch ein Stück auf dem Sentier du Lac.

Der Tag findet einen entspannten Ausklang in einem der Restaurants mit einem Glas Servagnin.

Auf dem Weg hinauf zum Bahnhof, etwa 12 Minuten von der Altstadt entfernt, kommen Sie an der sehenswerten romanischen Kirche aus dem 13. Jahrhundert vorbei. Hinterm Bahnhof verbirgt sich das Glasbläserei-Museum.

12 Maischnee oberhalb des Genfersees

Einmalige Höhenwanderung durch Weiden, über die sich im Frühling ein Teppich von weissen Bergnarzissen legt – schaurigschönes Abenteuer im Hochmoor – durch wilde Wälder und Wiesenhänge mit Traumblicken aufs Genferseegebiet

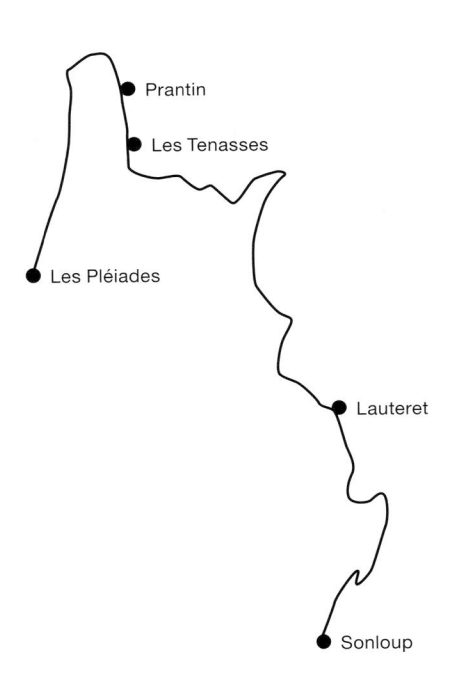

Route: Les Pléiades (1348 m ü. M.) – Prantin (1221 m ü. M.) – Les Tenasses (1221 m ü. M.) – Pautex Ref. (1197 m ü. M.) – Lauteret (1270 m ü. M.) – Cergnaule (1283 m ü. M.) – Sonloup (1149 m ü. M.)

Wanderzeit: 3,5 Std.

Wegstrecke: 10 km

Anreise: Mit dem Zug von Montreux nach Vevey, weiter nach Les Pléiades

Rückreise: Mit der Standseilbahn von Sonloup nach Les Avants, weiter mit dem Zug nach Montreux

Wenn die Narzissen blühen

Die Zugfahrt rauf zu Veveys Hausberg ist gespickt mit herrlichen Ausblicken auf die Waadtländer Riviera und charmante Dörfer. In Blonay, wo sich kühn auf der Hangterrasse das mächtige Schloss zeigt, heisst es umsteigen. In direktem Anschluss gehts weiter mit dem «Train des Etoiles» zum Pléiaden-Gipfel. Es scheint, die Zahnradbahn nimmt in steilster Hanglage den Weg zu den Sternen … Im Gebirge, von frischer Luft umgeben, verblassen bald der Alltag und schwere Gedanken. Übrigens hat der Name Pléiades nichts mit dem Sternenhaufen im Innern des Sternbilds Stier zu tun, vielmehr ist er von «Laplayau» abgeleitet worden, jener Ort, wo früher nach Holzarbeiten die Pferde angebunden wurden.

In der Tat kann man auf dem Gipfel die Sterne und Galaxien «berühren», nämlich auf dem Planetenweg, wo auf einem Rundgang anhand verschiedenster Installationen und einer astronomischen Anlage unser Universum und Sonnensystem demonstriert werden.

Sie halten sich jedoch an der Bergstation Richtung Restaurant «de la Chât»/Les Tenasses, das heisst, Sie queren die Gleise, gehen hinter der Schranke etwa 40 Meter den breiten Kiesweg bergab und dann links auf schmalem Pfad den Wiesenhang hinauf. Wer hier im Frühling wandert, wird von einer stark duftenden schneeweissen Landschaft überrascht: in voller Blüte bedecken Narzissen den Berghang. Gleich nach der Schneeschmelze spriessen die Narzissenblätter aus der Erde und überziehen wie ein strahlender Teppich die Hügel der Riviera. Je nach Höhenlage, sind von April bis Juni Abertausende von den Weissen Bergnarzissen zu bestaunen, vom Mont-Pèlerin oberhalb von Vevey bis zum Dent-de Jaman oberhalb von Montreux. Wie treffend doch ihr französischer Ausdruck ist: «neige de mai», Maischnee.

Es ist ein Genuss, die Krete hochzuwandern: die Luft so klar, vor Ihnen eine malerische Bergkulisse und dazu ist es noch mucksmäuschenstill.

Wandern durch den Maischnee

Maischnee oberhalb des Genfersees **93**

Entlang der Krete

An einem Sessellift gehts vorbei, bald schon marschieren Sie am Schlepplift den Wiesenhang abwärts (immer der gelben Markierung nach). Sie kommen an dem gemütlichen Restaurant «de la Chât» raus – hier wird man verwöhnt mit leckerem Essen, etwa Fondue, Rösti und Wein. Rechter Hand des Restaurants setzt sich der Wanderweg fort. Es geht flott und steil abwärts, immer wieder beglückend ist der Maischnee in den Feldern. Unten angekommen bei den zwei Häusern, folgen Sie rechts der gelben Markierung bzw. der verwitterten, in Holz geschnitzten Narzisse. Sie vagabundieren weiter auf schmalem Teersträsslein durch die leise Gegend. Am Waldrand gehen Sie geradeaus Richtung Prantin, das heisst, Sie folgen weiter der Strasse. Nach dem Wäldchen gehts bergab, nach rund 70 Meter biegen Sie rechts ab auf den Naturweg (gelb markiert/Narzisse). Das Staunen hält an beim Blick auf die zarten, gleichermassen widerstandsfähigen Alpenblumen in Weiss.

So viel Schönheit und Blütenzauber auf einem Fleck, wann hat man das je gesehen? Die weithin leuchtenden Wiesenhänge sind umstellt von mächtigen Tannen. Bald ziehen Sie an einem einsamen Hof vorbei und marschieren ebenaus, es ist ein wunderbarer Feldweg der Entschleunigung, des Träumens.

Von Prantin sind es nur 5 Minuten nach Les Tenasses, wo Sie sich links Richtung Sonloup/Lauteret orientieren. Hier verlassen Sie den Narzissenweg und tauchen augenblicklich ein in eine geheimnisvolle Moorwelt.

Durchs Hochmoor

Der Pfad durchs 5000 Jahre alte Hochmoor ist eine Welt für sich. Auf Holzstegen und schwankendem Boden – immerhin ist die Torfschicht bis zu 5 Meter mächtig – schlängeln Sie sich durch einen

Zart und schön: die Weisse Narzisse

Bergföhrenwald, dazwischen ragen Birken mit ihren weissen Stämmen und zartgrünen Blättern hervor. Links und rechts liegen grosse Moospolster und üppige Pflanzendecken, die sich mit offenen Wasserstellen kunstvoll vernetzen. Kleine, trockene, moosbedeckte Torfhügel und nasse Schlenken bilden verschiedene Kleinstlebensräume. Fieberklee, Rausch- und Heidelbeeren, aber auch die seltene fleischfressende Krugpflanze fühlen sich hier ausgesprochen wohl. Die grossen Architekten im Hochmoor sind die Torfmoose (Sphagnen), die unablässig einen bunten Moosteppich weben, mit einer Farbpalette von Grün über Orange, Rosa, Hellrot, Beige bis Dunkelbraun.

Wie oft fälschlicherweise angenommen, hat der Name Hochmoor nichts mit der Höhenlage zu tun. Vielmehr lässt er anklingen, dass sich Hochmoore typischerweise über die Landschaft aufwölben; sie unterscheiden sich in Aufbau und Vegetation grundlegend von Flachmooren. Die anspruchslose Hochmoor-Pflanzenwelt hat keinen Kontakt zum mineralstoffreichen Untergrund, sie gedeiht auf Torf. Karg, nass, kaum Nährstoffe – wen wunderts, dass hier nur spezielle Pflanzen und Extremisten Lebensraum finden. Ganz im Gegensatz zum Flachmoor, wo sich die Pflanzenwurzeln in die nährstoffreiche Tiefe graben und sich eine vielfältige Vegetation ausbreiten kann. Hochmoore blicken auf eine jahrtausendelange Entstehungsgeschichte zurück. Abgestorbene Pflanzenreste, die sich im sauerstoffarmen, wasserundurchlässigen Boden nicht völlig zersetzten, sammelten sich und das organische Material wandelt sich zu Torf um. Nur langsam wächst die Torfschicht, pro Jahr erhöht sich das Moor um etwa 1 Millimeter.

Von der reichen Wasserwelt geht eine feine Stimmung aus.

Frische Wälder und Traumblicke

Am Ende des Moorpfads gehts kurz bergauf, Sie queren die Foststrasse und gehen weiter geradeaus auf asphaltierter Strasse. Nur etwa 7 Minuten, dann nehmen Sie rechts den gelb markierten Trampelpfad. Ebenso ein Naturlehrpfad, der Sie mit den zahlreichen Bewohnern des Waldes vertraut macht. Wie sich zeigt, finden Maulwurf, Maus und Eichhörnchen, Laubfrosch, Kröte und Hirschkäfer hier geeigneten Lebensraum. Auf bestens präpariertem weichem Boden streifen Sie durch den in allen Grüntönen wild spriessenden Mischwald. An den Places de Parc kommen Sie raus und marschieren auf dem unteren Teersträsschen abwärts zum nahen Chalet des Pautex. Über Treppenstufen und wurzeligem Waldboden wandern Sie weiter bergab, schliesslich erreichen Sie den imposanten Brunnen «Fontaine de Pautex».

Hier halten Sie sich Richtung Lauteret/Sonloup, für eine Weile gehts jetzt nur aufwärts. An den Trois Ponts halten Sie sich rechts. Je mehr Sie sich in die Höhe schrauben, umso schöner werden die Weitblicke bei La Maguette über die Wälder und Weiler.

In La Batardière angekommen, zeigen sich noch zögerlich der Genfersee und die Alpenkette. Hier folgen Sie rechts dem topfebenen breiten Natur- und Wiesenweg (gelb markiert), der mit herrlichen Sichtfenstern verwöhnt. Links zieht sich steil der Wald in die Höhe. Das Bächlein scheint dann wie ein Gang über eine magische Grenze. Der Pfad wird jetzt schmal und schmaler, zunehmend wilder, es geht immer tiefer in den Buchenmischwald hinein. Dies bedeutet, achtsam zu sein, linker Hand fällt der Hang teils extrem steil ab. Es ist erholsam, für

Augenweide

Waadtländer Riviera

eine Weile die geheimnisvolle Waldnatur zu erleben. Schliesslich kommen Sie in Lauteret raus, wo nur eine einsame Hütte steht mit einem Traumpanorama. Von hier ist es noch eine Stunde nach Sonloup: Sie steigen den kurzen, steilen Wiesenhang auf und queren dann den Hang. Schwindelerregend schön ist der Blick auf die Waadtländer Riviera mit dem funkelnden Genfersee, den Savoyer Alpen und der Top-Destination Montreux.

Es wird noch schöner, noch stiller, je mehr Sie aufwärts gehen (mit kurzer Waldpassage), bis Sie an eine Wegkreuzung gelangen. Rechts lotst das Teersträsschen wieder zurück in die Zivilisation, erste Häuser von Prés de Billens und Sauteret tauchen auf. Stets abwärts wandernd gehts in grossen Schlaufen durch die offene Landschaft, nach wie vor gekrönt mit Fernsichten auf die Genferseeregion (immer der gelben Markierung nach, via Route du Plan de Châbel und Route d'Adversan). Sie biegen dann links ab in den Wald, auf den Sentier d'Orgevaux. Auf schmalem Trampelpfad, über Brücken und am glucksenden Bächlein vorbei und zum Schluss den Wiesenhang aufsteigend, treffen Sie in Cergnaule ein. Von hier ist es noch eine Viertelstunde nach Sonloup, über die Teerstrasse gehts abwärts (bzw. Abkürzung über den Wiesenhang nehmen). Zum Schluss weht noch einmal ein himmlischer Duft von den Weiden, da sind sie wieder, die Weissen Bergnarzissen, auch Dichternarzissen genannt. In Sonloup laufen Sie am Wegweiser rechts, um das ehemalige Hotel herum und zur knallroten Standseilbahn. Nostalgisch ist die Fahrt runter nach Les Avants, am steilen Abhang verabschieden sich die Dichternarzissen.

In Les Avants gibt es Restaurants und eine katholische Kapelle, oder vielmehr ein Holzhäuschen mit bunten Fenstern. Sie ist, wem denn sonst, der Notres Dames des Narcisses geweiht. Früher, in den Jahren nach dem Krieg, verkehrte hier der «Train des narcisses» bis nach Basel. Wer noch mehr im Maischnee wandern möchte – es gibt noch fünf weitere ausgezeichnete Narzissenpfade zwischen Vevey und Montreux: in Caux, Les Avants, Glion und zwei um den Pont Pèlerin.

Im Narzissenland

Alle reisen an den Genfersee, Schriftsteller, Künstler, gut Betuchte und Tagesgäste aus nah und fern, wenn im Frühling Abertausende von Narzissen einen weissen Teppich auslegten über die Wiesen und Hänge. Damals, in der Belle Epoque, gab es während der Blütezeit prachtvolle Narzissenfeste und Vorstellungen, erstmals 1897. So wurde die legendäre Dichternarzisse zum Symbol der Montreux-Riviera und kurbelte mächtig den Tourismus an. Von der Riviera mit dem milden Klima fühlten sich zahlreiche Prominente geradezu magnetisch angezogen, etwa der Philosoph und Gesellschaftskritiker Jean-Jacques Rousseau, die österreichische Kaiserin Sissi, Rainer Maria Rilke. Selbst Ernest Hemingway liess sich von dem Duft und der Grazie der Alpenblume verzaubern, in seinem berühmten Roman «A Farewell to Arms» ist die Riviera Schauplatz. Zum letzten Mal fand das Narzissenfest von Montreux, das seinerzeit internationale Bedeutung erlangte, 1957 statt. Das versiegende Interesse an Tradition sowie der Fortschritt in der Landwirtschaft hatten zur Folge, dass die Narzissenfelder sich stark verringerten. Heute gibt es Schutzprogramme zur Förderung der einmaligen Wiesen, initiiert von der «Association pour la sauvegarde et la promotion des narcisses de la Riviera». Denn damit die Narzissen so üppig blühen können, sind bestimmte Voraussetzungen notwendig: die Pflanze braucht Sonne und darf nicht zu früh gemäht oder gepflückt werden. Das heisst, nach dem Blühen müssen die Kräfte wieder in der Zwiebel gesammelt sein, die Blätter müssen schon gelb sein, damit keine Energie verloren geht. Landwirte, die sich für den Narzissen-Schutz engagieren, etwa mit später Mahd der Wiesen, werden unterstützt. Damit die Dichterblume an der Waadtländer Riviera noch lange jeden Frühling ihren sensationellen Auftritt hat!

13 Zu den kleinen Sonnen im Unterwallis

Abwechslungsreicher Naturpfad mit Traumblicken auf die Alpen – durch uralte Eichenwälder, sonnige Rebhänge, Wiesen – leuchtende Goldpolster von Adonisröschen im Frühjahr – entlang glucksender Suonen gehts nach Martigny

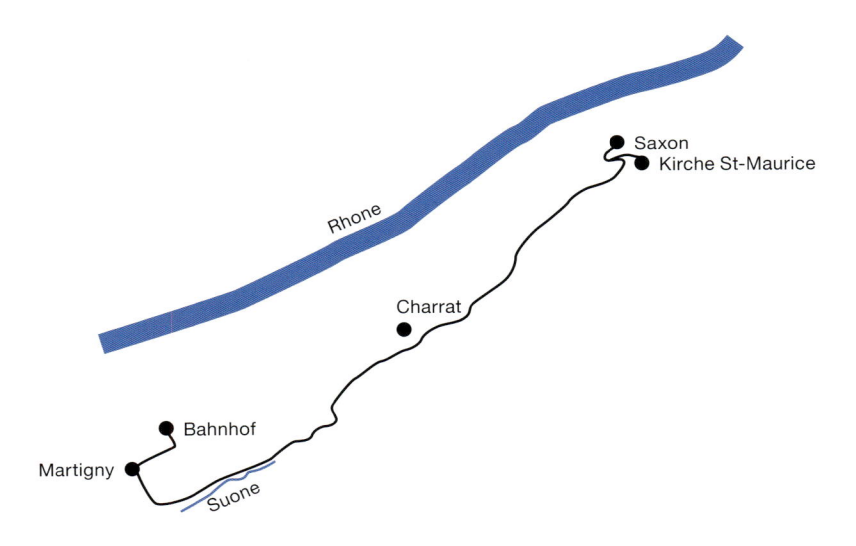

Route: Saxon (465 m ü. M.) – Charrat (480 m ü. M.) – Martigny (475 m ü. M.)

Wanderzeit: 3,5 Std.

Wegstrecke: 12 km

Anreise: Mit dem Zug von Visp oder Lausanne nach Saxon

Rückreise: Mit dem Zug ab Martigny

Hoch über dem Rhonetal

Saxon, das sich vom fruchtbaren Tal der Rhone bis hinauf an den Hang schmiegt, ist umgeben von mächtigen eisgekrönten 4000er-Walliser-Alpen. Im 19. Jahrhundert gewann der Ort im Herzen der Berge besondere Bedeutung wegen seiner Thermal- und Heilbäder und nicht zuletzt wegen des Casinos. Stolz erinnert man sich daran, dass im Jahr 1860 der russische Schriftsteller Dostojewski hier einige Tage seiner Spielleidenschaft (und -sucht) frönte …

Die Rhone, Lebensader des Wallis, fliesst vom Rhonegletscher 120 Kilometer hinab zum Genfersee und gestaltet mit ihren Nebenarmen eine wunderschöne Landschaft mit Gegensätzen, die man gerne zu Fuss erobert. Aufgrund der geografischen Lage entlang des Alpenkamms herrscht im Rhonetal, das zu den trockensten Tälern Europas zählt, ein mediterranes Steppenklima, von heissen, regenarmen Sommern geprägt. Das milde Klima beeinflusst natürlich die Flora, und so gedeihen prächtig Wein, Obst und Gemüse. Und wie Sie sehen werden, findet in Saxon auch das seltene Frühlings-Adonisröschen exzellente Bedingungen.

Am Bahnhof Saxon gehen Sie Richtung Martigny/Adonisweg oder Chemins des Adonis, wie die französischsprachigen Bewohner ihn nennen; das heisst, am Kiosk gehts vorbei und bald rechts auf die Rue

Mildes Wallis

de Gottefrey. In Kürze nehmen Sie die scharfe Kehre links und spazieren in die Höhe (jetzt auch als Aprikosenweg gekennzeichnet), entlang des gurgelndes Dorfbachs. Wie ein spitzer Finger ragt dominant der knapp 2500 Meter hohe Pierre Avoi und andere Bergriesen gen Himmel. Nach gut 10 Minuten (hinter dem Spielplatz und Park) startet rechts der Weg nach Martigny/Adonisweg. Wer kurz aufsteigen möchte ins Dorf, geht hier geradeaus. Schon von Weitem winken die Ruinen des Schlosses (13. Jahrhundert) auf dem Hügel über dem Dorf. Unterhalb des Donjons kann man die Kapelle St-Maurice besichtigen und durch die schmalen Gassen von Saxon schlendern oder auch einen Kaffee mit Panoramablick geniessen.

Zurück am Startpunkt des Adoniswegs (fortan gut markiert), gehts gleich über eine Holzbrücke, zunächst entlang des rauschenden Bächleins und am kleinen Wasserfall vorbei.

Ein malerischer Pfad durch die Weinberge beginnt.

Lichtdurchflutet und still ist es, für ein kurzes Stück beschreiten Sie den Aprikosenweg, der über die fruchtbare Gegend informiert. Je nach Subventionen und Marktbedarf werden am linken Rhone-Ufer Reben und Aprikosen gepflanzt. In friedlichem Nebeneinander ver-

Durch die Weinberge

Nimmt organisch seinen Lauf, das Bächlein

grössern sich beide Kulturen, heute sind es etwa zwei Drittel Aprikosen, ein Drittel Rebbau.

Stets verwöhnt mit einer Sicht auf die gewaltigen Alpen, marschieren Sie westwärts, oberhalb des Rhonetals.

Bald durchstreifen Sie ein Wäldchen mit Flaumeichen, deren junge Blätter zuunterst beflaumt oder behaart sind. Wenn Sie hier Ende März wandern, leuchten wie kleine Sonnen die Frühlings-Adonisröschen. Einen Monat lang ist dann die ganze Gegend mit einem Goldpolster überzogen. Eine wirkliche Besonderheit, denn die aus russischen Steppengebieten stammende Art blüht in der Schweiz einzig im Wallis (Saxon ist einer von fünf Standorten, und auch der grösste).

In dem zentralalpinen Tal findet die Steppenpflanze ideale Bedingungen: heisse Sommer, kalte Winter, wenig Niederschläge und magere, trockene Wiesen.

Der interessante Höhenweg schlängelt sich auf und ab, durch lockere Mischwäldchen mit teils uralten, knorrigen Eichen. Links ziehen sich Felswände oder bepflanzte Hänge hoch, der Adonisweg ist ausgesprochen abwechslungsreich, breit und dann wieder ein sich windender Trampelpfad mit verträumten Licht- und Schattenspielen.

Immer wieder darf das Auge weit übers mit Reben und Aprikosen übersäte Rhonetal gleiten. Und das gelbe Adonisröschen strahlt für eine Weile um die Wette mit der

Es blüht und grünt.

Sonne. Bis man selbst strahlt. Die zarten Blumen, die in ganzen Büscheln auftreten, bitte nicht pflücken, sie stehen unter Naturschutz. Auch andere Frühlingsboten recken sich am Wegrand dem Licht entgegen, wie Leberblümchen, Farne und Veilchen. Beschwingt fühlt man sich beim Marsch über den Hügelrücken, im Wechsel von offener Weite und Wäldern. Am Chemin de Geologiques verlassen Sie den Laubwald, gehen links aufwärts und eine Terrasse höher (Markierung folgen). Wohin das Auge reicht, Rebhänge. Hier zeigt sich eindrücklich, welch Dimension der Weinbau im Wallis hat. Übrigens, die ersten Rebstöcke wurden bereits in gallorömischer Zeit angepflanzt.

Rebhänge und rauschende Suone
Nach anderthalb Stunden sehen Sie aus der Vogelperspektive Charrat und Parzellen von Obst, Gemüse und Reben. An der Weggabelung oberhalb des Ortes verabschieden Sie sich vom Adonisweg, der nun rechts abwärts führt. Sie halten sich Richtung Martigny, marschieren an der orangenen Hütte vorbei und setzen den Weg zunächst oberhalb Charrats fort, dann gehts entlang des Rebhangs abwärts zum Parkplatz von Charrat (Ortsrand). Dem Wegweiser Martigny folgend, wandern Sie auf sonnigem Asphaltweg, auch ein Veloweg, quer durch die ausgedehnten Weinberge und Aprikosenplantagen. Für eine Weile spazieren Sie nur gera-

Anmutiges Adonisröschen

Was taucht wohl hinter der nächsten Kurve auf?

deaus, mühelos und Glück verheissend und nach wie vor beeindrucken die Gipfel.
Am Wegesrand tauchen Taubnesseln und Ackersteinsamen auf, Eidechsen sonnen sich auf den Steinen. Wenn Sie an der T-Kreuzung unterhalb des Steinbruchs stehen, nehmen Sie den linken Weg nach Martigny (rechts setzt sich der asphaltierte Veloweg fort). Das heisst, Sie marschieren 50 Meter aufwärts und dann rechts, direkt am Steinbruch vorbei. Auf breitem, ebenem Naturweg entlang des Waldrandes gehts entspannt weiter und bald an einem Schiessstand vorbei. Dahinter wandern Sie links, den oberen Feldweg aufwärts (keine Markierung), an den Bienenstöcken vorbei und in den Wald hinein. Wenn dann der gelbe Wegweiser auftaucht Richtung Martigny, wissen Sie, dass Sie auf dem rechten Weg sind. Angenehm spaziert es sich auf dem Höhenzug oberhalb der Reben. An der nächsten Weggabelung gehen Sie rechts und um die scharfe Kurve herum, abwärts. Unüberhörbar plätschert es, gleich erreichen Sie die Bisse, im deutschsprachigen Wallis Suone genannt. Um Wiesen und Äcker mit Wasser ausreichend zu versorgen, schufen früher die alten Walliser ein ausgeklügeltes Bewässerungssystem, wobei raffiniert Gletscherwasser angezapft wurde.

Zauberhafte Suone

Heute gibt es entlang der alten Wasserleitungen zahlreiche attraktive Wanderpfade. Ein herrlicher, etwa halbstündiger Weg entlang der glucksenden Suone beginnt.

Auf schmalem federndem Boden gehts voran, entlang von Gärten und Wiesen und durch Wald. Plötzlich verschwindet die Suone, und, wie Sie sehen werden, tritt sie nach einer Weile wieder frisch sprudelnd hervor. Dann ist sie wieder weg, um kurz später wieder aufzutauchen – so geht es eine Weile bis Martigny. Bald erreichen Sie die ersten Häuser von Le Guercet, bleiben Sie stets auf dem lauschigen Trampelpfad. Nach Queren der Teerstrasse gehts geradeaus in den Wald (gelb markiert), der mit mächtigen Kastanien, Buchen, Eschen und bereits blühenden Wildkirschen voller Grünkraft strotzt. Der Marsch entlang der schnell, dann wieder langsam fliessenden Suone, begleitet von Frühlingsvogelgezwitscher, hat was Beruhigendes. Immer wieder kreuzen Bienenhäuschen auf – die zahlreichen Aprikosenplantagen locken natürlich auch die fleissigen Bienen und tüchtigen Imker. Rechter Hand erhebt sich nach einer Weile majestätisch das Schloss von Martigny und auch Autolärm kündigt an, dass die Stadt ganz nah ist. Am Sport- und Spielplatz verabschiedet sich die Suone endgültig. Sie folgen hier dem Veloweg und erreichen gleich den Friedhof mit einer Fülle an Wegweisern in alle Himmelsrichtungen. Von hier sind es noch anderthalb Kilometer zum Bahnhof: Sie spazieren zur Kirche im Zentrum, nehmen dort rechts die Rue du Simplon ortsauswärts und gehen an der Ford-Garage links.

Martigny

Martigny liegt direkt am Rhoneknie und ist Knotenpunkt der Passrouten über den Grossen Sankt Bernhard, Simplon und Forclaz. Die Altstadt hat mit ihren kopfsteingepflasterten Gassen und mittelalterlichen Häusern Atmosphäre. Bereits vor 2000 Jahren hinterliessen Kelten und später die Römer und Napoleons Truppen hier ihre Spuren. Noch heute kann man ein restauriertes Amphitheater besuchen, zudem gibt es römische Tempel und Thermen. Martigny war einst erster Bischofssitz der Schweiz und wer das kulturelle Erbe bestaunen möchte, durchstreift am besten die Stadtteile Vieux-Bourg und La Bâtiaz mit ihren zahlreichen historischen Gebäuden. Das Schloss La Bâtiaz, stolz thronend auf einem Felsen über der Stadt und weithin sichtbar, verspricht eine spannende Reise ins Mittelalter (Mai bis Oktober geöffnet). In der Fondation Pierre Gianadda kommen Kunst- und Kulturinteressierte voll auf ihre Kosten: neben dem galloromischen Museum mit Skulpturenpark und Automobilmuseum werden jährlich drei Ausstellungen mit Werken hochkarätiger Künstler präsentiert. Martigny ist überdies bekannt für seine hervorragende Gastronomie. Bereits Goethe, Stendhal, Rousseau oder Liszt liessen sich gerne in den Restaurants nieder und genossen die Gaumenfreuden.

Goldene Tränen der Liebesgöttin

Einer Sage zufolge soll Adonis die schöne Aphrodite sehr geliebt haben. Als er bei einem Jagdunfall tödliche Verletzungen erlitt, soll die Liebesgöttin für jeden Blutstropfen eine Träne vergossen haben. Und wohin auch immer eine Träne floss, sind golden leuchtende Adonisröschen gewachsen.

Das Adonisröschen ist eine stark wirkende Heilpflanze, die giftig ist und nur in geringen Dosen verabreicht werden darf. Bereits in der Antike war das Adonisröschen bekannt, Hippokrates verwendete es bei Wassersucht. In den Kräuterbüchern aus dem 16. und 17. Jahrhundert findet man die Pflanze als Mittel gegen Herzschwäche und Ödeme und sie wurde gerne bei Harn- und Steinleiden eingesetzt. Heute wird das Adonisröschen in der Naturheilkunde bei Herzbeschwerden als Tinktur, Tee, Fertigpräparat oder homöopathisch verabreicht.

14 Hinauf nach Eischoll, zu den Lichtblumen

Atemberaubende Fernsicht vom Bergdorf aufs Rhonetal und die Walliser Alpen – Lichtblumen leuchten entlang des Naturpfads durch Wiesen und Wald – ein Hauch wildes Wallis auf dem Suonenweg nach Unterbäch

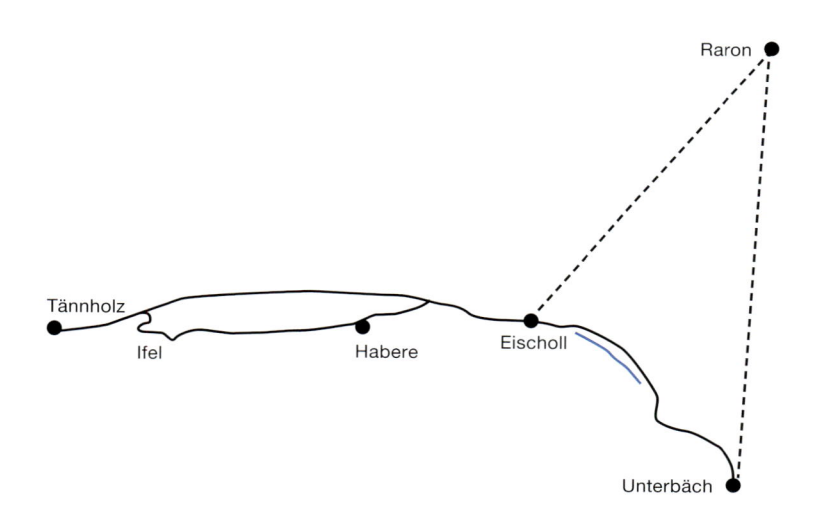

Route: Eischoll (1290 m ü. M.) – Tännholz (1191 m ü. M.) – Habere (1350 m ü. M.) – Eischoll – Unterbäch (1220 m ü. M.)

Wanderzeit: 2,5 Std.

Wegstrecke: 8 km

Anreise: Mit dem Zug von Visp nach Raron, weiter mit der Luftseilbahn nach Eischoll

Rückreise: Mit der Luftseilbahn von Unterbäch nach Raron, weiter mit dem Zug

Hinauf nach Eischoll, zu den Lichtblumen **107**

Wo die Lichtblume blüht

Vom kleinen Bahnhof Raron sind es nur 5 Minuten zur Lufsteilbahn Eischoll (gut markiert). Die Fahrt ist kurzweilig: Sie schaukeln über die abschüssige Schlucht des Milibachs und erreichen in nur 8 Minuten Eischoll. Welch grandioses Panorama hoch oben auf knapp 1300 Meter Höhe aufs Rhonetal und die schneebemützten Berge. Der Blick fällt auf Raron mit der berühmten Felsenkirche, St-Germain, Niedergestelen, Rarnerkumme, Ausserberg, Visp sowie das Altschieder-, Joli- und Bietschtal und die imposante Dreitausenderkette: Wannihorn, Gletscherhorn, Signalhorn, Schwarzhorn, Bietschhorn.

An der Bergstation nehmen Sie den schmalen Pfad rechts, Richtung Westen, gehen am Parkplatz und der alten Dorfmühle vorbei zum nahen Dorfplatz. Hier treffen sich Moderne und Tradition auf engstem Raum. Die neu gestaltete Eischoll-Arena, mit weissem Zeltdach überzogen, ist von alten Walliserhäusern umstellt, dahinter erhebt sich die sehenswerte Dorfkirche.

Das idyllische Bergdorf macht neugierig, gerne schaut man sich um und durchstreift die verwinkelten Gassen. Laut Chronik soll der Name Eischoll zurückzuführen sein auf das lateinische Wort «In Exceliss» = auf der Höhe. Bis 1250 hiess das Dorf

Herrliches Panorama in Eischoll

Schmuckes Eischoll

«Olselz» (aus dem Keltischen: Hochflur), bis 1366 war es «Oysol». Der Chronist Pater Sigismund Furer beschreibt im Jahr 1850 den Berg, an den das Dorf Eischoll anlehnt, «gross, fruchtbar und von arbeitsamen, wohlhabenden Leuten bewohnt». Ob die Wohlhabenheit, von der der Pater sprach, auf die Selbstgenügsamkeit oder den unermüdlichen Fleiss der Einwohner und den damit einhergehenden Erfolg zurückzuführen ist, sei dahingestellt. Schon immer galt in dem Bergdorf der Spruch: «Eischoll (habe) das Gut, Unterbäch den Mut und Bürchen Korn genug.» Dem lange Zeit völlig abgeschiedenen Eischoll wurde 1930 eine eigene Maultierpost zugestanden. 1945/46 entstand die Luftseilbahn – die erste im Oberwallis überhaupt –, die damals wie heute das Dorf mit Raron und dem Tal verbindet. Ein weiteres Tor zur Welt öffnete sich, als 1966 der erste Skilift entstand und Touristen das romantische Bergdorf für sich entdeckten – bis heute sind Eischoll und die Moosalp-Augstbordregion begehrte Wintersportorte. Lange war das Dorf nur über die Luftseilbahn und Saumwege zu erreichen, bis 1968 eine Verkehrsstrasse nach Turtmann und 1978 nach Unterbäch gebaut wurde. Und seit Herbst 2012 ist Eischoll energieunabhängig von den Ölscheichs – dank der neu errichteten zentralen Holzschnitzelanlage.

Am Dorfplatz führt der Wanderweg links aufwärts, entlang des laut plätschernden Dorfbachs, Richtung Tännholz bzw. Wolfspfad. Der gut markierte Weg lotst durch den alten Dorfkern, vorbei an typisch sonnenverbrannten Walliserhäusern und Scheunen. Manchmal hat man das Gefühl, als spaziere man direkt durch den Garten der Bewohner. Bald queren Sie die Hauptstrasse und gehen auf schmalem Wiesenpfad hinauf zur Zantuhüs. Und da tauchen sie auf, links und rechts des Weges, die ersten Frühlingsboten: zart und kraftvoll zugleich strecken sie sich der Sonne entgegen, die rosa leuchtenden Lichtblumen. Nachdem der erste Schnee geschmolzen ist, spriessen sie in der Region Eischoll wie wild aus der Erde. Zurecht wird Eischoll als Heimat der

Lichtblume bezeichnet. So, als bestünden sie nur aus Blüten, meist einer, seltener aus zwei oder drei, erobern sie – abhängig von der Schneesituation, etwa ab März, manchmal gar schon im Februar – den von Schmelzwasser durchtränkten Boden und inszenieren ein herrlich leuchtendes Farbenspektakel. Sie bringen nach den harten Wintern in den Bergen das lang ersehnte Licht, daher vielleicht der Name Lichtblume. Blüten über Blüten begleiten Sie fortan auf dem abwechslungsreichen Pfad.

Mit dem sanften Aufstieg öffnet sich erneut ein weiter Blick auf die Walliser Alpen, allen voran das Bietschhorn. Bei dem roten Aussichtsbänkli mit den vielen Wegweisern gehen Sie Richtung Tännholz bzw. für eine Weile auf dem Wolfspfad. Ein schmaler Weg führt sanft nach unten und ebenaus, an Hecken mit Eschen, Birken, Lärchen, Ahorn und Weidenbüschen vorbei.

Es geht über Brücken und Wurzeln, ganz lebendig schlängelt sich der Pfad durchs malerische Tal. Und rechts imponieren stets aufs Neue die schneebedeckten Dreitausender und der Blick ins Rhonetal; gut sichtbar ist bald das Joliviadukt im Jolital. Die Natur ist gerade dabei, aus ihrem Winterschlaf zu erwachen, es beginnt zu grünen und Waldschlüsselblumen setzen gelbe Farbtupfer. Erste Bienen summen, Eichhörnchen huschen über den Weg. Alte verwitterte typische Walliser Stadel, die teils die Schneelast nicht überstanden haben, säu-

Stiller Naturweg

men den schmalen, dann wieder breiten Naturweg.
Sie streifen durch Wälder, Weiden und offene Wiesen, über Bächlein und entlang geschichteter Steinmauern. Schönste Frühlingsflora, frische Luft und Stille wirken sich ungemein belebend aus auf Körper, Geist und Seele. Auf weich federnder Erde erreichen Sie schliesslich ein Kreuz mit Wegweisern. Hier halten Sie sich links, Richtung Riedweide/Ifil, und verlassen somit den Wolfspfad.

«Ds wilt Tier ...»
Wenn Sie jedoch zur nahen Tännholzkapelle gehen möchten, folgen Sie noch etwa 300 Meter dem Wolfspfad durch den stimmungsvollen Tannenwald. Die Kapelle ist dem heiligen Antonius geweiht, wer mag, kann ein Lichtlein anzünden. An dem kraftvollen Wolfsfelsen stehen Bänke, umringt von grossen und kleinen Steinen und üppig bemoosten Bäumen – ein idealer Platz zum Picknicken.

Unschwer kann man sich vorstellen, dass hier in der wilden Natur einst der Wolf lebte und beste Lebensbedingungen vorfand. Noch vor mehr als 60 Jahren durchstreifte das in der Bevölkerung gefürchtete und dämonisierte Tier die einsamen Wälder des Wallis, wie auf dem Felsen zu lesen ist: «Es war im Jahr 1946, als die Kunde vom ‹wilden Tier im Wallis› in der halben Welt die Runde machte. Während

Zart und stark zugleich, die Lichtblumen

Hinauf nach Eischoll, zu den Lichtblumen

Romantisch gehts nach Unterbäch

Monaten hielt ‹das Tier› die Menschen in Angst und Schrecken. Die Fantasie trieb üppige Blüten. Denn viele wollten ‹es› gesehen haben, das Tier. Dabei war zuerst keineswegs von einem Wolf die Rede, sondern von einem Panther oder Tiger – je gefährlicher, desto besser. Ängstliche Naturen trauten sich nachts kaum mehr aus dem Haus. Die Stimmung grenzte an Hysterie … Schmalvieh wurde gerissen, vor allem Schafe und Ziegen. Allerdings wurden dem ‹bösen Tier› auch Schandtaten in den Rachen geschoben, die es beim schlechtesten Willen nicht begangen haben konnte. Dann, im Winter 1947, wurde zwischen Eischoll und Ergisch ein hundeähnliches Geschöpf von einem Jäger ‹ohne Papiere›, also von einem Wilderer, erschossen. Er hatte bei seinem Stall eine ‹Beizi› (Köder) ausgelegt, die dazu diente, Füchse anzulocken, um sie dann erlegen zu können. Den Behörden wurde eine andere Geschichte aufgetischt. So ging nicht der, welcher den Wolf eigentlich in die ewigen Jagdgründe befördert hatte, in die Geschichte ein, sondern der Jagdscheininhaber, welcher seinen Namen hergab … Es stellte sich heraus, dass es sich tatsächlich um einen Wolf handelte. Anzunehmen ist, dass dieser Wolf ein Wandergeselle aus Oberitalien war, genauso wie die Wölfe von heute, die die Leute wieder in Atem halten. Der Wolf von Eischoll hat im Naturhistorischen Museum in Sitten als Tierpräparat seine letzte Heimatstätte gefunden.» Sicher ist der schlechte Ruf des Wolfes zu Unrecht, denn er ist in erster Linie ein scheues Tier.

Die Ifilweide hinauf
Auf steilem Waldweg gehts jetzt die Ifilweide hinauf, immer dem gelben Wanderwegweiser folgend (nach 50 Meter links abbiegen, den Einstieg nicht verpassen). In dem stillen Tannen- und Fichtenwald legen Sie rund 200 Höhenmeter zurück. Originell geschichtete Stein- und Holzhütten tauchen ab und zu auf am Wegesrand und erinnern an frühere, arbeitsreiche Zeiten der Bergbauern. Ein erstes Indiz, dass Sie sich wieder in der Zivilisation befinden, ist der Zurich Vitaparcours; in Kürze stossen Sie auf einen breiten topfebenen Forstweg und gehen weiterhin ostwärts, immer Richtung Eischoll. Ein Meer von Lichtblumen dankt für den teils herausfordernden Aufstieg. Von links unten vernimmt man das Gurgeln und Glucksen der «Alten Suon» – Sie sind an dem für heute höchsten Punkt angelangt, in Haberen, wo ein überdachter Picknickplatz mit Feuerstelle und rustikalen Bänken zur Rast einlädt. Der Wanderweg setzt sich etwa 150 Meter auf der Teerstrasse fort, dann zweigt er links ab. Leicht und beschwingt marschieren Sie abwärts, der schmale Trampelpfad ist gesäumt von mächtigen Lärchen und Birken – bei den Kelten die Lichtbäume und Frühlingsbringer par excellence. Man hat das Gefühl, auf einem Aussichtsbalkon zu wandeln. Bald erreichen Sie die Ihnen bekannte rote Bank, hier gehts via Zantuhüs zurück nach Eischoll. Zu schön, zu aussichtsreich, zu lichte ist es hier oben, um schon wieder runter ins Tal zu fahren. Daher ist das nächste Ziel Unterbäch, nach wie vor in Begleitung der Lichtblumen.

Alpenblick in Unterbäch

Entlang der Suone nach Unterbäch

Am Parkplatz, direkt oberhalb der Bergstation Eischoll, folgen Sie dem Wegweiser Unterbäch via Haltsuon. Wer möchte, kann vor der 45-minütigen Wanderung noch im Restaurant «Schwarzhorn» einen Kaffee und Gipfeli zu sich nehmen. Gestärkt gehen Sie also weiter ostwärts, quer durch Eischoll, an der kleinen Kapelle vorbei und bergab auf dem schmalen Wiesenpfad. Nach dem letzten Hof gehts etwa 50 Meter auf der Teerstrasse, dann rechts auf den Trampelpfad (Haltsuon). Ein wunderbarer Anblick, wenn in den Wiesen in rauen Mengen die Lichtblumen pulsieren. Ein wildromantischer Weg beginnt entlang des Wiesenhangs und der Suone, zunächst der Sonne ausgesetzt und mit Bergpanorama. Friedlich gurgelt das Wasser und sorgt für fabelhafte Stimmung. Über Stege und Wurzeln gehts und über Treppenstufen aufwärts, durch ein Wäldchen. Bevor sich die Suone endgültig verabschiedet, wird sie noch einmal laut und sprudelnd. Der jetzt abwechselnd flache, dann wenig auf- und abwärts führende Pfad windet sich elegant um den steilen Hang, die Halte. Rechts ragen Schieferfelsen senkrecht in die Höhe, so, als schauen einen eindrücklich Felsgesichter an. Ein helles Tal – 's Bächi – liegt bald vor Ihnen, das von dem rauschenden Milibach durchzogen ist.

Überall sind Steinmäuerchen aufgeschichtet, zur warmen Jahreszeit weiden hier die Schafe. Ein Hauch vom wilden Wallis wird spürbar, pulsierende Frische überall. An der Brücke ist ein herzerquickender Picknickplatz mit riesigem Fels und Birken. Schmale Rinnsale mäandrieren durch Wiese und Wald und beeilen sich ins Tal.

Sie marschieren weiter auf dem lauschigen Pfad und durch starke Natur. Wenn Sie den Wald verlassen, steigen Sie über den Wiesenhang hinab ins Dorf. Dort gehts rechts, via Tolastrasse und Dorfstrasse zur Luftsteilbahn Unterbäch, die direkt hinter der Kirche ist. Von dem sonnigen Hochplateau geniesst man wiederum eine wunderbare Aussicht auf die Walliser Gipfel, allen voran auf das UNESCO-Weltnaturerbe Jungfrau-Aletsch-Bietschhorn.

Wer möchte, kann den Tag ausklingen lassen in einem der sechs Restaurants, mit einem guten Schluck Walliser Wein und Käsefondue. Übrigens, im Jahr 1957 machte Unterbäch Schlagzeilen: als erste Gemeinde führte das Dorf das Frauenstimmrecht ein, mehr als zehn

Jahre dauerte es dann, bis der Rest der Schweiz nachzog.

In nur wenigen Minuten schweben Sie runter nach Raron. Wer noch etwas Zeit mitbringt, sollte sich den Zauber des Ortes nicht entgehen lassen. Der Gang durchs geschichtsträchtige Dorf lohnt allemal. 1014 wurde es erstmals urkundlich erwähnt als Raronia prudens, das «kluge Dorf». Ein gelungener architektonischer Wurf ist die eindrückliche Felsenkirche St. Michael, die sich inmitten eines Felsens befindet. Wenn Sie weiter durch die schmalen Gassen, entlang uriger Häuser und zahlreicher Brunnen in die Höhe wandern, erreichen Sie den historischen Burghügel mit der Burgkirche und einem Museum. Insbesondere ist Raron populär geworden durch den österreichischen Dichter Rainer Maria Rilke, der an der Südseite der Burgkirche seine letzte Ruhestätte fand. Nach wie vor pilgern zahlreiche Besucher an sein Grab. Sein ausdrücklicher Wunsch war es, «hier zu ruhen», denn er liebte diesen Blick aufs Wallis ganz besonders.

Lichtblumen

Die Lichtblume, auch Frühlingslichtblume oder Lichtmessblume genannt, zählt zur Gattung Bulbocodium. Sie hat mit der Herbstzeitlosen grosse habituelle Ähnlichkeit, aber die blüht im Sommer; sie ähnelt auch der Hundszahnlilie, jedoch sind die Blütenblätter der Lichtblume breiter und auffälliger gebogen. Häufig werden die rosa Lichtblumen mit Krokussen verwechselt. Wenn man jedoch genau hinschaut, sieht man, dass Krokusse nur drei Staubblätter, Lichtblumen hingegen sechs aufweisen und deren Blütenblätter sind zurückgebogen.

In der Zeit von März bis Mai blühen alljährlich auf den Weiden und Wiesen von Eischoll die Lichtblumen. In verschwenderischer Weise werden die Fluren in ein einziges Lichtmeer getaucht. Sie sind in der Gegend Sinnbild für den Alpenfrühling. Nur wenige Sonnentage genügen, um sie zum Blühen zu bringen. Die Blütezeit setzt ein, bevor die mittlere Tagestemperatur 10 Grad erreicht. Ein raues Gebirgsklima und von Schmelzwasser durchnässte Frühlingswiesen und -weiden stellen die besten Bedingungen für die Entwicklung dieses Frühlingsboten. Dieses seltene Blütenkind ist in der Schweiz nur im Oberwallis beheimatet. Neben Eischoll findet man sie auf Bergwiesen von Ausserberg, Unterbäch und Visperterminen (Infos aus: Flyer Tourismus Eischoll). Auch im Karpatenbecken, in Serbien, Rumänien, Südrussland, Transkaukasien und in den Pyrenäen sind noch Lichtblumen zu finden.

15 Ins smaragdgrüne Herz des Tessins

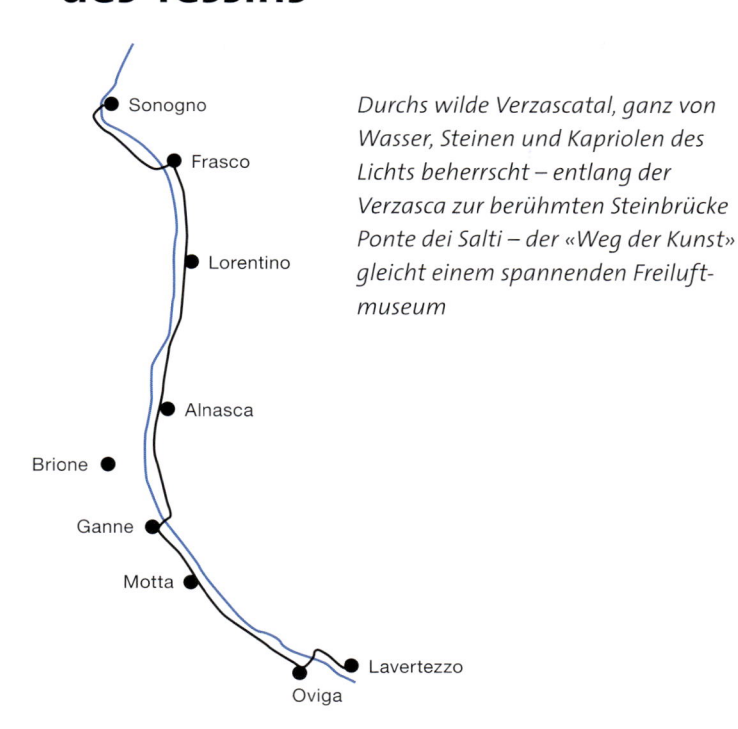

Durchs wilde Verzascatal, ganz von Wasser, Steinen und Kapriolen des Lichts beherrscht – entlang der Verzasca zur berühmten Steinbrücke Ponte dei Salti – der «Weg der Kunst» gleicht einem spannenden Freiluftmuseum

Route: Sonogno (918 m ü. M.) – Frasco (885 m ü. M.) – Lorentino (826 m ü. M.) – Alnasca (757 m ü. M.) – Piee (756 m ü. M.) – Ganne bus (682 m ü. M.) – Ganne (668 m ü. M.) – Motta (620 m ü. M.) – Lavertezzo (536 m ü. M.)

Wanderzeit: 4 Std. 10 Min.

Wegstrecke: 14 km

Anreise: Mit dem Zug nach Locarno, weiter mit dem Postauto nach Sonogno

Rückreise: Mit dem Postauto von Lavertezzo nach Locarno, weiter mit dem Zug

Faszination Verzascatal

Dort, wo die Bäche aus dem Vegornesstal und dem Redortatal zusammenfliessen, liegt malerisch Sonogno. Vielleicht ist Ihnen dieses hinterste Dorf des Verzascatals auch aus Ihrer Jugendlektüre bekannt. In «Die schwarzen Brüder» lässt die Kinder- und Jugendbuchautorin Lisa Tetzner die Geschichte der Kaminkehrerjungen in Sonogno beginnen und enden. Der Weckruf gegen Kinderarbeit avancierte zu einem Klassiker. Eindrucksvoll wird erzählt, wie im 19. Jahrhundert arme Eltern aus dem Verzascatal ihre Kinder nach Mailand verkauften, sozusagen als lebendige «Besen», und schamlos ausgebeutet wurden.

Sonogno muss man einfach gesehen haben. Es macht Freude, durch die kleinen Gassen mit den alten typischen Verzascahäusern, den Rustici aus grauem Bruchstein und Steinplattendächern, zu bummeln. Der Ort ist touristisch gut erschlossen, gerne sucht man ein Grotto auf und lässt sich treiben. Nahe der Bushaltestelle, an der Piazzetta, ist die Casa Genardini, ein altes Bauernhaus, welches das Heimatmuseum beherbergt. Das Tal und die Menschen werden eindrücklich bezeugt, etwa das Leben als Bauer und Hirte oder die Kaminfeger gestern und heute (geöffnet von Mai bis Oktober, 13–17 Uhr). Schräg gegenüber ist der Laden «Pro Verzasca» mit Kunstwerken aus Holz, Kupfer und Keramik. Die 1933 gegründete Vereinigung unterstützt die kulturellen und handwerklichen Interessen der Region. Hier befindet sich auch das Zentrum für Wollfärbung sowie eine Handspinnerei und Strickerei. Zweimal im Jahr, im Frühling und Herbst, werden je 300 Kilogramm Wolle natürlich gefärbt: mit Blättern, Früchten und Wurzeln, die vor Ort wachsen.

Von Hand gefärbte Wolle bei «Pro Verzasca»

Ebenso sehenswert ist das alte Dorfbackhaus bei der Kirche. Noch heute wird einmal im Monat, wenn Markt ist, in dem alten Ofen frisches Tessiner Brot gebacken. Daneben ist die «Galleria Cà al forn» – werfen Sie einen Blick rein, Künstlerinnen und Künstler der Region stellen besondere Werke aus. Die Kirche birgt Fresken des einheimischen Malers Patà, ein Schüler des grossen Courbet.

An der Bushaltestelle beginnt der Sentierone nach Lavertezzo, ein alter Saumpfad, mal links, mal rechts der geheimnisvollen Verzasca (bestens beschildert, auch mit Nr. 74). Je nach Gusto kann die gut 4-stündige Wanderung abgekürzt werden (jede Stunde fährt ein Bus von den kleinen Weilern aus ins Tal). Vielleicht verspüren Sie Lust, unterwegs in einer Osteria (Brione, Gerra, Frasco, Lavertezzo) einzukehren und Tessiner Spezialitäten zu probieren, etwa Polenta, Risotto oder ein Glas Wein.

Passionierten Wanderern stehen im in die Penninische Alpendecke eingefrästen Verzascatal mehr als 200 Kilometer lange Wanderwege zur Verfügung. Wer noch höher hinaus will, noch wilder aufsteigen möchte, dessen Wanderziel kann ein anderes Mal, am besten im Sommer, der tiefblaue Bergsee Lago Barone (2390 m ü. M.) im hintersten Vegornesstal sein.

Eine Welt aus Stein und Wasser
Der Sentierone führt an einem Picknickplatz vorbei, über eine Stahlbrücke und am Bach stromabwärts. Auf lauschigem Weg gehts über Wurzeln und Granitfelsen, gesäumt von Kastanien, Nussbäumen, Buchen, Erlen, Eschen, bis zur Mündung der rauschenden Verzasca. Ab jetzt ist sie Ihre Begleiterin, sie changiert in den leuchtendsten Blau- und Grüntönen, umspült in einer Wucht grosse und kleine Steine, von Anbeginn bezirzt sie mit ihrer Kraft und Schönheit, strotzend vor Lebendigkeit. Dem Flusslauf folgend, finden sich von der Natur geformte Badewannen und idyllische Uferplätze. Ebenaus gehts nun durch eine sonnige Flusslandschaft, die von einer majestätischen Bergwelt untermalt wird. Dahinter verlaufen die parallelen Täler der Laventina und der Maggia.

Alte Steinhütten und geschichtete Steinmauern zieren den Weg, im Mai blüht hier sonnengelb der Ginster. Nach einer guten halben Stunde erreichen Sie über die Hängebrücke Frasco. Wer mag, kann auf einem kleinen Dorfrundgang zur alten Mühle mit doppeltem

Schaufelrad (1880) und dem Elektrizitätswerk (1925) spazieren, die 1994 im Auftrag des Museumsvereins restauriert und wieder funktionstüchtig gemacht wurden.

Treppauf und -ab, an schön geschwungenen Buchten vorbei mit wildem Getose, durch Wiesen und Wäldchen, vagabundieren Sie weiter.

Beim Durchstreifen der verlassenen Siedlung mit den einfachen funktionalen Natursteinhäusern, ganz harmonisch in die Landschaft integriert, stösst man unweigerlich auf die Vergangenheit der Bewohner. Sie lebten einfach, in Einklang mit der mitunter harten Natur, nutzten die Alpweiden.

Man erzählt sich im Tessin, dass geheimnisvolle Wesen den armen Menschen reinen Herzens halfen. Aus magischen Steinen hätten sie in nur einer Nacht die einfachen Ställe und Häuser errichtet, die Rustici, die typisch die Tessiner Täler durchziehen ... Gleich wird eine bezaubernde weite Ebene erreicht, übersät von Ahorn, Eschen, Ginster und einem tollen Picknickplatz am Wasser.

Und schon bald treffen Sie in Lorentino ein, wo es einen Brunnen zum Auffüllen der Wasserflasche hat und auch ein Grotto. Auf der gegenüberliegenden Seite ist das Dorf Gerra (bequem über eine Hängebrücke zu erreichen).

Nur ein Steinwurf von hier steht das Ferienhaus von Kathrin Rüegg. Die 2011 verstorbene Autorin und Fernsehmoderatorin («Was die Grossmutter noch wusste»), die mit ihren Büchern als Aussteigerin Furore machte, lebte lange Zeit hier. Mit Titeln wie «Kleine Welt im Tessin», «Dies ist mein Tal – dies ist mein Dorf» oder «Mit herzlichen Tessiner Grüssen» erreichte sie eine Gesamtauflage in Millionenhöhe.

In Kürze stehen Sie vor einem erfrischenden Wasserfall, der sich laut über die Felsen stürzt. Von hier ist es eine gute halbe Stunde Genussmarsch nach Alnasca – die Hälfte des Weges ist dann zurückgelegt.

Der Gang flussabwärts, von Steinen und Wasser beherrscht, ist

Eintauchen in die Zeitlosigkeit

Charakteristisch fürs Tessin, die Rustici

ausserordentlich abwechslungsreich. Der Weg mäandriert bilderbuchschön durchs Tal, mal schmal, wurzelig und steinig, dann wieder breit und federnd, treppauf und -ab, durch verträumte Auenwäldchen mit Birken und Lärchen, über kleine Steinbäche und offene Ebenen oder unter herrlich grünem Blätterdach. Nie läuft man gerade, alles scheint hier krumm und organisch gewachsen. Mal oberhalb, mal direkt entlang des Wassers, das immer wieder durch faszinierende Felsformationen dahinrollt.

Sie kommen schliesslich zur Lüére von Alnasca, der Wolfsfalle. Die grosse runde Grube, in die einst ein lebender Köder ausgelegt wurde, um den Wolf anzuziehen, erinnert an jene Zeit, als noch zahlreiche Wölfe in den Tälern lebten und den Bauern Schaden zufügten, denn sie brachen in die Herden ein und rissen Ziegen und Schafe. Wenn der Fänger eine Wolfspfote brachte, so erhielt er eine Belohnung. Im Tessin wurden im 19. Jahrhundert 256 Wölfe gefangen, allmählich starb das wilde Tier aus. Erstmals wieder im Tessin gesichtet wurde der verfolgte und oft dämonisierte Wolf im Jahr 2001.

Bald erreichen Sie die kleine Kapelle Soscarasca, die oberhalb eines grossen Flussbetts liegt. Die Natur hat hier schönste Badewannen und «Whirlpools» kreiert, in die man sich am liebsten hineinlegen möchte. Wenn es warm ist, tun das auch einige, aber Vorsicht: die schöne Verzasca gilt mit ihren Strömungen und ihrer verdeckten Sogkraft als sehr gefährlich!

In Kürze stossen Sie auf die Wegweiser bei Piee, wo Sie sich Richtung Ganne bus halten. (Wer einen Abstecher nach Brione machen möchte, geht über die Stahlbrücke und erreicht in 20 Minuten das kleine Bergdorf. Dort steht die se-

Wasser umschlängelt marmornen Felsen.

henswerte Kirche Santa Maria Assunta aus dem Jahr 1294, die mit ihren gotischen Fresken und den Reliquienschreinen mit Schädelknochen ein erstaunliches Tessiner Zeitzeugnis darstellt.)
Jetzt beginnt ein spannender, gut halbstündiger Wegabschnitt, der sich mitten durch das prähistorische Felssturzgebiet zieht. Es führt zunächst aufwärts, teils recht steil. Zahllose riesige Felsbrocken liegen wild verstreut herum, von Moos überzogen, so als trifft man auf lauter Kraftkegel. Labyrinthartig gehts auf und ab durch eine magische Steinlandschaft, vorbei an Felsnischen und -höhlen. Am Aussichtspunkt geniesst man einen schönen Blick auf Brione und die geschichtsträchtige Kirche. Dann steigen Sie wieder hinunter ans Flussufer, wie ein grüner Smaragd leuchtet die Verzasca in der beseelten Landschaft. Mit ungeheurer Energie ergiesst sich das Wasser in die Tiefe, windet sich um die Felsen und Steine, sprudelnd und schäumend. Je nach Lichteinfall schimmert das Gestein in Grau- und Brauntönen, wie glattpolierter Marmor. Hautnah kann man dem rauschenden Formen- und Farbenspektakel beiwohnen, das Liebhaber der Natur, Kunst und Geologie gleichermassen begeistert. Die

Lady Verzasca gewinnt hier noch mehr an Dynamik, es ist ein feuriges Spiel mit Stein und Wasser.
Schliesslich erreichen Sie die Brücke, wechseln die Talseite und nehmen die Teerstrasse bis Ganne bus. Etwa 20 Meter nach der Bushaltestelle, vor der scharfen Kurve, gehts links Richtung Lavertezzo, auf einen Waldpfad: den Weg der Kunst.

Auf dem Sentiero per l'arte
Eine grosse, bunt bemalte Säule läutet den 4,5 Kilometer langen Weg der Kunst ein. Jetzt heisst es wach sein! Künstler aus der Schweiz, Italien und Deutschland haben es sich zur Aufgabe gemacht, das Flussufer der Verzasca künstlerisch zu bereichern: skurrile Beton- und Felsbemalungen, Stelen, bunte Säulen, Pyramiden, Mandalas, Vogelnester, Sterne, an Bäume befestigte Kunstwerke sind mehr oder weniger versteckt im Wald, am Fluss oder in den Frühlingswiesen.
Insgesamt tauchen 34 Werke auf – allerdings sind einige schon arg verwittert und der Natur zum Opfer gefallen … Durch einen lauschigen Kastanienwald gehts abwärts, nach Ganne und weiter nach Motta. Es scheint, als spaziere man auf verschlungenen Pfaden durch einen grossen Park: mit Steinhäusern und wilden Gärten, gespickt mit überraschenden kreativen Botschaften, durch Wald und Lichtungen, sanft bergauf und bergab, immer in Nähe der nicht zu zähmenden Verzasca. Im Grunde genommen reiht sich ein Kunstwerk ans andere – die grösste Künstlerin bleibt jedoch die Natur selbst. Das zeigt sich so wundervoll hinter dem Bosco della Motta, wo sich die Bergbäche von Cansgell und d'Orsnana vereinigen und zu einem sagenhaft tosenden Wasserfall werden. Aus zahlreichen Richtungen stürzt sich das klare Wasser in Felswannen und eilt weiter zur

Ponte dei Salti

Verzasca – ein wunderbarer Klangteppich breitet sich aus. Genial sind die zwei Holzliegen, wo man ein Energiebad nehmen und für eine kurze oder lange Weile der Wassersinfonie lauschen kann. Hier kommt man in Berührung mit dem frischen, klaren Bergwasser, das vitalisierend wirkt. Über sechs Brücken verlassen Sie den Kraftort. Dann gehts auf steinigem oder federndem Boden nach Piano – von dort ist es noch eine halbe Stunde nach Lavertezzo. Nach wie vor reisst Sie die dynamische Verzasca mit, an Ihrem Auge ziehen vielfältige Naturschauspiele vorbei, bis die ersten Häuser von Oviga auftauchen. Sie steuern direkt auf ein uriges Grotto zu, mit selbst hergestellten Tessiner Wurstwaren, Käse, Torta di Pane (= Brotkuchen) und Wein (Merlot, Bondola, Sauvignon).

Der Weg nach Lavertezzo (10 Minuten) führt über die legendäre Ponte dei Salti. Die zweibogige Steinbrücke, auch als Römerbrücke bekannt, stammt aus dem 17. Jahrhundert.

Ein schönes Finale, der Blick von der Brücke: Granit- und Gneisfelsen liegen wie Buckelwale und Urweltriesen im Flussbett, rundgeschliffen und blank, und werden von der smaragdgrünen bis türkisfarbenen Verzasca umspült. Wenn sich die untergehende Sonne in dem gewaltigen Natur- und Farbenspiel spiegelt, schlägt es fantastische Kapriolen des Lichts. Im Sommer geniessen hier viele den Fluss aus der Badetuch-Perspektive. Lavertezzo mit seinen Rustici und Grotti ist ein typisches Tessiner Dorf. Die Pfarrkirche gegenüber der Bushaltestelle ist übrigens die einzige Barockkirche im Tal.

Jadegrüne Verzasca

Wildes schönes Verzascatal

Die Busfahrt von Locarno hinauf nach Sonogno ist voller spannender Geschichten. Die einstigen Bewohner führten ein Nomadenleben. Den Rhythmen der Natur folgend, lebten sie teils in den Gebirgen, teils in der fruchtbaren Magadinoebene. Seit dem 16. Jahrhundert fand eine saisonale Auswanderung statt: die Männer standen unter Zwang, sich während der warmen Jahreszeit Arbeit im Ausland zu suchen, beispielsweise als Kaminfeger, Koch oder Schwerarbeiter in Norditalien. Im Winter kehrten sie wieder zurück. Die Frauen hingegen blieben zu Hause in den kleinen Bergdörfern, quasi als Strohwitwen, und verrichteten auf den Feldern oder als Weberin schwerste Arbeit. Insbesondere im späten 19. Jahrhundert hatte die Emigration einen anderen Charakter: zahlreiche Bewohner verliessen das stille Gebirgstal mit den kargen Böden, wanderten scharenweise aus nach Amerika. Dies hatte eine starke Verarmung der Bevölkerung zur Folge. In den letzten Jahrzehnten wird das Verzascatal zunehmend wieder bevölkert und deren Schönheit entdeckt. Zahlreiche Rustici dienen als Ferienhäuser oder als attraktiver Zweitwohnsitz, fernab der lauten Welt. Aufgrund der guten Verkehrsanbindung ist das wilde Tal per Bus oder Auto heute leicht zu erreichen bzw. auch bestens zu Fuss zu erobern.

Bei der Fahrt in die Höhe streift man auch die riesige Contra-Staumauer des Wasserkraftwerks – mit 380 Meter Länge und 220 Meter Höhe ist sie eine der höchsten Europas. Abenteurer geniessen – wie James Bond im Thriller «Goldeneye» – an dem Staudamm das Bungee-Jumping in die Tiefe. Bonds Sprung in die Tiefe soll weltweiten Umfragen zufolge der beste Stunt der Filmgeschichte sein; seit 2007 sind auch die weltweit höchsten Swings (Pendelschwünge) möglich. Ultimativer Adrenalinkick pur also am Lago di Vogorno. Der Bus schlängelt sich durch den Hauptort Vogorno und 5 Minuten später stechen die weiss getünchten Häuser von Corippo am steilen Hang ins Auge. Der bekannte Schriftsteller und Kunsthistoriker Piero Bianconi bezeichnete den eigenwilligen Ort als «charmantestes Dorf des Verzascatals». In dem seit 1975 unter Denkmalschutz stehenden Weiler mit architektonischen Besonderheiten, die europaweit erforscht werden, leben derzeit 13 Menschen. Früher war Corippo bekannt für die Verarbeitung von Hanf zu Kleidung. Unmittelbar danach erheischen Sie in Lavertezzo einen kurzen Blick auf die Ponte dei Salti mit den kühnen Bögen – das Ziel der heutigen Wanderung.

16 Zu den Monti von Gambarogno

Hoch über dem azurblauen Lago Maggiore von Monti zu Monti vagabundieren, bis runter zur italienischen Grenze – durch herrliche Kastanienwälder, wilde Tobel, blühende Wiesen – einzigartiges Tessiner Zeitzeugnis bei den 100 Feldern, die der Teufel anlegte

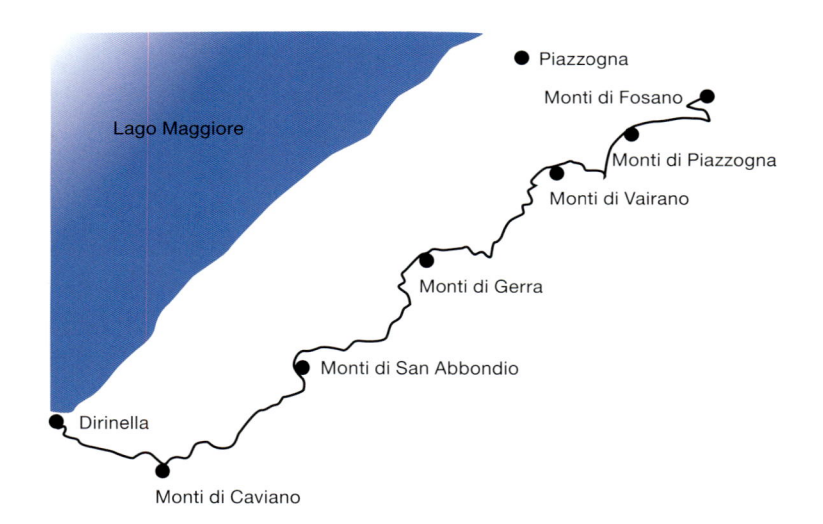

Route: Bivio Monti di Piazzogna (769 m ü. M.) – Monti di Piazzogna (778 m ü. M.) – Monti di Vairano (807 m ü. M.) – Monti di Gerra (820 m ü. M.) – Monti di San Abbondio (815 m ü. M.) – Monti di Caviano (673 m ü. M.) – Dirinella (206 m ü. M.)

Wanderzeit: 4 Std.

Wegstrecke: 11 km

Anreise: Mit dem Schiff (oder Zug) von Locarno nach Magadino (oder Bahnhof Magadino-Vira), weiter mit dem Postauto (unmittelbar bei der Schiffanlegestelle) nach Monti di Fosano, Bivio di Piazzogna

Rückreise: Mit dem Postauto von Dirinella nach Magadino (Schiffanlegestelle oder Bahnhof Magadino-Vira), weiter mit dem Schiff (oder Zug)

Von Monti zu Monti

Am schönsten ist es, sich Magadino und die Riviera von Gambarogno an Bord des Schiffes anzunähern, das sich durch den mit Sonnenkristallen übersäten Lago Maggiore schiebt.

Der azurblaue See im Wechselspiel mit den sanften Hügelzügen und mächtigen Schneebergen, die bunten Dörfer am Ufer (Gerra, San Nazzaro, Vira) und an den bewaldeten Hängen sind pure Augenweide. Die Bergregion Gambarogno ist mit wilden Wanderwegen gesegnet und anders als das gegenüberliegende Ufer, etwas weniger luxuriös und lieblich. Wenn Sie das Schiff verlassen, zeigt sich linker Hand die Bolle di Magadino, ein einzigartiges Naturschutzgebiet von nationaler Bedeutung im Mündungsgebiet von Verzasca und Ticino.

Die kurvenreiche Weiterfahrt mit dem Postauto hoch nach Piazzogna ist voller südlichem Flair: malerische Tessiner Dörfer mit alten Häusern und stilvollen Villen, wuchernde Gärten mit Kübeln von Rhododendren, Kamelien und Palmen ziehen am Auge vorbei, und immer wieder glitzert von unten der Lago. Wer in ein Meer von Magnolien und Pfingstrosen eintauchen möchte, verbindet die Wanderung mit einem Besuch im prachtvollen botanischen Garten/Parco Botanico del Gambarogno (Bushaltestelle «Ristorante Gambarogno»).

Freie Sicht aufs Maggiadelta

Zweifelsohne zieht hier der Frühling vorzeitig ein, mediterran mutet das Licht und die Luft, irgendwie scheint am Lago Maggiore das Leben unbeschwerter zu sein.

Vom Bushalt Monti di Fosano/Bivio Monti di Piazzogna führt ein schmales Teersträsschen in nur 10 Minuten zum Monti di Piazzogna. Dort halten Sie sich Richtung Monti di Vairano. Ein grandioser Blick wird frei auf den Lago, die Berge des Sopra Ceneri und das Maggiadelta, das die eleganten Städte Locarno und Ascona trennt.

In Kurven schlängelt sich der asphaltierte Weg durch das Derbortal mit den prächtigen Kastanien und Buchen. Allerorts plätschern Rinnsale die Felsen runter. Von dem reizenden Maiensäss Monti di Vairono geht es weiter zum Monti di Gerra (Wanderzeit: 1 Stunde 10 Minuten). Bald schon, bei Corte della Costa, beginnt der Bergwanderweg (fortan gut weiss-rot-weiss markiert) – es geht durch lichten Laubwald, voller Kastanien, Ahorn, Eichen, mit wunderbaren Sichtfenstern auf den See. Über Treppen, Wurzeln und weichen Waldboden, sanft rauf und runter, durch Felsentore hindurch, vagabundieren Sie durchs romantische Cedullotal. Es duftet nach frischer Erde, frühlingsleicht stimmen Vögel ihr

Schöner Bergwanderweg

Zu den Monti von Gambarogno **127**

In Monti di Gerra

Lied an. Glanzstück ist der laut donnernde Wasserfall, vor den eine Hängebrücke gespannt ist.

Dann gehts Steintreppen bergauf und wieder bergab und raus aus dem Wald, wo Sie etwa 150 Meter auf der Teerstrasse hochwandern und schliesslich auf dem Wiesenweg bergwärts, Monti di Gerra erreichen.

Auf der Bergterrasse geniessen Sie freie Sicht auf die Brissago-Inseln und Ascona. Das einstige Maiensäss Gerra ist zu einem malerischen Feriendomizil avanciert, mit üppigen Gärten und Trockensteinmauern, uralten Kastanien, Birken und Glyzinienhecken.

Picknicken und am Brunnen Wasserflasche auffüllen, dann gehts weiter zum nächsten Maiensäss, dem Monti di San Abbondio. Der Graspfad schlängelt sich elegant durch Gerra mit den rustikalen Alphütten. Bald nimmt Sie ein Kastanienwald auf, Sie streifen Granitfelswände und lichtdurchflutete Tobel; der Naturpfad durchs Valle di San Abbondio und Bergsturzgebiet hat etwas Wildes, Schönes. Zahlreiche Wasserläufe und schmale Bäche beeilen sich den Berg runter und müssen überquert werden, was manchmal ein Balanceakt ist.

Wenn Sie Monti di Abbondio erreicht haben, ist es noch eine knappe Stunde nach Monti di Caviano. Es bleibt nach wie vor spannend und abwechslungsreich, auf- und abwärts wandernd und entlang von Felsgalerien, mit Balkonblick auf den Lago und den Zauber grüner Täler. Nach dem Valle di Niv gehts nur noch bergab, bis Sie am Waldrand, bei der uralten Kastanie rechts (Abzweigung nicht verpassen) auf dem Bergwanderweg den treppenartig angeordneten Wiesenhang erreichen.

Fantastisch, das Panorama: vor Ihnen liegen die sagenumwobenen Centocampi (100 Äcker) und der Weiler Monti di Caviano. Eine riesige Lichtung mitten im Wald, als stehe man auf einem Balkon über dem Lago Maggiore.

Duftende Blüten im botanischen Park

Wo der Teufel 100 Felder anlegte ...

In Kürze steigen Sie ab ins Dorf – durchs Gatter und auf dem Steinweg, an einem Altar vorbei – und entdecken ein wahres Bijou. Das Maiensäss beherbergt typisch Tessiner Steinhäuser, zu Ferienhäusern umfunktioniert. Still ist es, eine Oase fernab der Zivilisation; es führt keine Strasse hierher, zum Transport dient eine kleine Seilbahn, auch gibt es keine Stromversorgung (lediglich Solarzellen). Beim Gang durchs pittoreske Dorf stossen Sie unweigerlich auf ein einmaliges Gebäude: ein strohgedeckter Heuboden samt Stall mit extrem spitzem Dachwinkel. Es ist auf dem Maiensäss der einzig übrig gebliebene Stall solcherart und letzter Zeitzeuge eines besonderen Handwerks im Tessin. Noch vor 50 oder 60 Jahren existierten in den landwirtschaftlich besiedelten

Der Stall, Erinnerung an eine alte Tessiner Handwerkskunst

Maiensäss Monti di Caviano

Dörfern des Gambarogno zahlreiche Ställe mit Strohdächern. Um Brände zu verhindern, gab es in den Wohnhäusern auf den Monti di Caviano nur offene Feuerstellen, keine Kamine. Im Jahr 1997 wurde auf Initiative des Tourismus Gambarogno dieser Stall originalgetreu, nach überlieferter Handwerkskunst mit einheimischem Kastanienholz und Roggenstroh errichtet. Einer Tessiner Sage zufolge sind die Centocampi, die 100 Felder, dem Teufel zu verdanken. Der Glöckner der Kirche unten am Seeufer schloss, so heisst es, mit dem Teufel eine Wette ab. In einer einzigen Nacht soll der Teufel das Gebiet von Gebüsch und Wald gesäubert haben. Die steilen Hänge soll er höchstpersönlich gepflügt und in 100 Äcker eingeteilt haben. Der Glöckner gewann die Wette. Nicht mehr herauszufinden ist allerdings, wie der fromme Mann den Teufel ausgetrickst hat ... Wie dem auch sei, Fakt ist: die Centocampi existieren, auf dem 12 Hektar terrassenartigen Wiesenhang wurde früher Roggen angepflanzt, unter anderem für die Strohdächer.

Ein Katzensprung zur italienischen Grenze

Nur noch eine Dreiviertelstunde ist es von Monti di Caviano runter nach Dirinella. Am Dorfausgang können Sie noch am Brunnen frisches Bergwasser trinken, dann gehts abwärts, zunächst entlang

Unterwegs nach Dirinella

von Steinmauern, uralten Kastanien und den magischen 100 Feldern. Vom Aussichtsbänkli hat man eine Traumsicht, dann gehts durch den Wald, immer Richtung Dirinella. Der Weg, teils mit Steintreppen ausgelegt, ist stellenweise extrem steil (Achtung: bei Nässe Rutschgefahr; am besten bedient man sich dann im Wald mit einem Stock) – immerhin legen Sie rund 470 Höhenmeter zurück. Der steilste Part ist vorbei, wenn der Waldweg breiter wird. Dann wirds wieder gemütlich, der Lago schimmert durch den erwachenden Frühlingswald. Bei der Transportseilbahn bzw. am Parkplatz kommen Sie auf den Sentiero Cento Campi, der Sie zum Lago Maggiore lotst. Entlang einer moosbewachsenen Mauer gehts die Steingasse abwärts, bald durchstreifen Sie das kleine Dorf Scaiano mit den verführerischen schmalen Gassen und Casas. Palmen, Feigenbäume und Oliander zieren die Gärten. Von hier ist es noch eine Viertelstunde nach Dirinella; nach dem Tunnel gehts links, Sie steuern direkt auf die italienische Grenze und Bushaltestelle zu. Den Tag können Sie entspannt ausklingen lassen auf der Sonnenterrasse oberhalb des Sees, mit einem guten Glas Tessiner Merlot.

Blütenzauber und Naturoasen in Gambarogno

Den Frühling besonders blütenreich erleben kann man im botanischen Garten von Gambarogno, der sich zwischen Piazzogna und Vairano auf einer herrlichen, von Gletschern geformten Terrasse befindet. Auf rund 17 000 Quadratmeter tauchen Sie ein in ein prachtvolles Blütenmeer, von Kiefern und seltenen exotischen Nadelbäumen umgeben. Beinahe das ganze Jahr über blüht es in dem von Otto Eisenhut kreierten Park. Der Duft und das Farbenspiel entführen in eine schwelgerische Welt. An die 1 000 Arten von Kamelien leuchten im März und April in schönsten Farben, es ist eine der grössten Sammlungen europaweit. Eine Vielfalt an Magnolien (Blütezeit März bis Mai), Azaleen (Blütezeit April/Mai), Pfingstrosen, Glyzinien und Rhododendren (Blütezeit April bis Juni), von Efeu und Wacholdergebüsch umrankt, sind in dem mit viel Liebe gestalteten Areal zu bestaunen. Schmale Pfade führen durch den Park, den man in etwa einer Stunde besichtigt, ausgesprochene Blumenliebhaber halten sich länger auf (der Parco Botanico ist täglich geöffnet). Ein kleines Blütenparadies eben, wo man sich selbst vergisst.

Ein weiteres Kleinod ist die Bolle di Magadino (einfach am Hafen der Markierung folgen). Die Bezeichnung «Bolle» (aus dem Italienischen) bedeutet Sümpfe und rührt von den Gasblasen her (bolle), die in Sumpfgewässern aufsteigen. Das Deltagebiet am Lago Maggiore ist ein letztes Überbleibsel eines grandiosen Überschwemmungs- und Sumpfgebiets, das sich einst über die ganze Magadinoebene erstreckte. Insbesondere im Frühling bietet sich ein Streifzug durch die weitgehend unberührte Naturlandschaft an. Eine Welt aus geheimnisvollem Grün und nochmals Grün tut sich auf: mit parkähnlichem Eichenbestand, Eschen und Robinien, Silberweiden und Schwarzerlen, von Kletterpflanzen überwuchert. Schönste Biotope, Sümpfe, Schilfgürtel und Auen sind sich selbst überlassen, ein einzigartiger Pflanzenreichtum darf sich ungehindert ausbreiten. Auf dem Naturpfad erfahren Sie so einiges über die Bolle, die ein Refugium für seltene Vögel, etwa Eisvogel, Flussuferläufer, Gänsesäger, sowie Amphibien und Fische ist. Auch der bekannteste Frühlingsbote, der Kuckuck, findet hier geeigneten Lebensraum.

17 Am Tor zum Maggiatal

Entlang der tosenden Maggia spazieren – den Kulthügel besteigen, zur Ruine Castelliere mit herrlichem Blick aufs Maggiadelta – bergwandern durch typisch Tessiner Gefilde mit Kastanienwäldern, Rustici, Palmen und blühenden Gärten

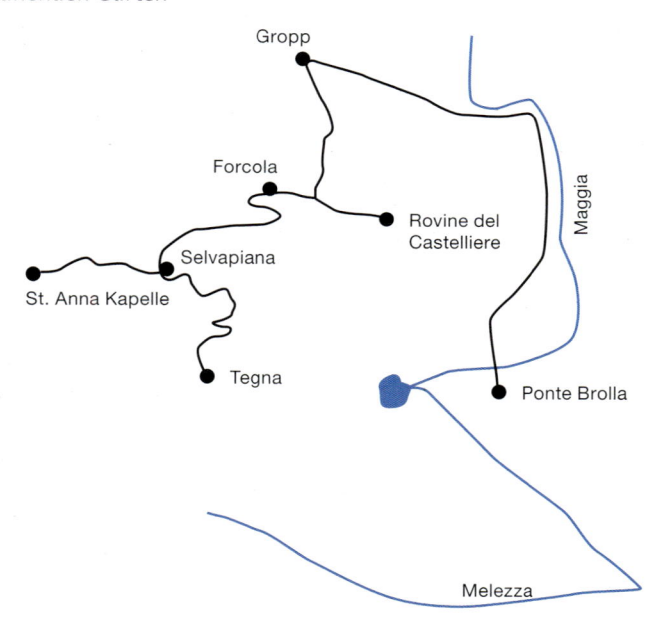

Route: Ponte Brolla (254 m ü. M.) – Gropp (290 m ü. M.) – Rovine del Castelliere (529 m ü. M.) – Forcola (445 m ü. M.) – Selvapiana (348 m ü. M.) – Tegna (255 m ü. M.)

Wanderzeit: 2 Std. 45 Min.

Wegstrecke: 9 km

Anreise: Mit dem Bus oder Zug von Locarno nach Ponte Brolla

Rückreise: Mit dem Zug ab Tegna

Typisch Tessin

Ponte Brolla ist von Locarno in nur wenigen Minuten per Bus oder Zug bequem zu erreichen. Der Bus bzw. Zug hält unmittelbar bei der Römerbrücke, die Sie, dem gelb markierten Sentiaro folgend, queren. Der Blick von der 33 Meter hohen Brücke in die enge Schlucht ist spektakulär: türkis und smaragdgrün schillert die Maggia, dynamisch umspült sie Felsen und eine surrealistisch wirkende Steinwelt und sucht sich wie flüssige Jade ihren Weg. Hier verlässt der Fluss bald das Maggiatal und vereinigt sich mit der Melezza. Besonders aufregend ist es, wenn an den Felsen dieser Schlucht die Europa- und Weltmeisterschaften im Klippenspringen ausgetragen werden. Jährlich springen einige Mutige von einer Plattform über 20 Meter in die Tiefe …

Zunächst gehts entlang der Bahngleise, immer Richtung Gropp/Tegna, bald biegen Sie rechts ab. Sie kommen an dem «Ristorante Centovalli» vorbei, nebenan fliesst ruhig der Kanal. Wenn Sie links aufschauen, entdecken Sie vielleicht begeisterte Sportler, senkrecht die wuchtigen Felswände erklimmend. Sie befinden sich nämlich in einem Dorado für Kletterer: Der Ponte Brolla Settore Est und Speroni sind äusserst beliebt, ebenso der nahe Monte Garzo – dort soll sich die schönste Plaisir-Route des Tessins befinden. Gepflegt und nobel ist es hier, Sie spazieren an Gärten mit tropischer Vegetation vorbei, schmucke Restaurants und Grotti reihen sich aneinander.

In Kürze nehmen Sie das schmale Strässlein rechts runter zur laut rauschenden Maggia, stets dem weiss-rot-weissen Bergwanderweg nach Gropp folgend. In schönsten Grün- und Blautönen nimmt hier die insgesamt 58 Kilometer lange Maggia ihren Lauf. Dem Lago del Narèt und weiteren Bergseen am Passo del Narèt ent-

Faszinierender Blick von der Römerbrücke aus

springend, mündet sie schliesslich mit einem Delta in den Lago Maggiore.

Sie stehen am Tor zum Maggiatal, das grösste Alpental in der italienischen Schweiz. Mit seinen Seitentälern Rovana, Lavizzara, Bavona und einer grandiosen Bergwelt ist es mit rund 700 Kilometer ein begehrtes Wanderparadies. Die Maggia hat im Lauf der Jahrtausende eine malerische Landschaft geformt. Grosse und kleine Steinbrocken im Flussbett, romantische Sandbuchten, bequeme Stein-Liegebetten und der wilde Flusslauf locken zur warmen Jahreszeit viele Naturbegeisterte: zum Picknicken, Baden, Erholen, Geniessen. Achtung: Die Strömung hier ist nicht zu unterschätzen.

Nach der Stippvisite entlang der Maggia nehmen Sie den Treppenweg links aufwärts Richtung Gropp. Eine Weile noch ist das laute Tosen des Flusses zu vernehmen. Ein schmaler Pfad führt entlang von Steinmauern, frühlingsgrün und licht reihen sich Kastanien, Buchen, Ahorn und Linden aneinander. Und wie es typisch ist fürs Tessin, tauchen am Wegesrand immer wieder die aus Stein geschichteten Rustici und schöne Marienaltäre auf. Kurz vor Gropp zeigt sich lieblich, von Efeu umrankt und in schon verblassten Farben, die in der Region besonders verehrte Madonna mit Kind. Der verlassene Rustici-Weiler Gropp mit seinen alten Ahornbäumen und plätscherndem Brunnen hat Charme. Nächstes Ziel: die Rovine del Castelliere.

Hinauf zur Ruine

Nun gehts durch einen Kastanien- und Buchenwald aufwärts, zum Teil ist es steil und fordert ein bisschen Kondition, immerhin dauert es eine Dreiviertelstunde zu den Resten der Ruine, der Rovine del Castelliere (gut markierter Bergwanderweg). Aber es lohnt sich, Sie gewinnen zunehmend an Sicht,

In Tuchfühlung mit der Maggia

zunächst öffnet sich ein Fenster nach Avegno und zur Maggia, dann ins Tal, wo sich ein Dorf ans andere reiht. Am Wegweiser (kurz vor der Ruine) gehts links, im Zickzack durch den Kastanienhain den Kulthügel hinauf, mit schöner Sicht aufs Centovalli (den Weg rechts runter nach Tegna nehmen Sie nach der Besichtigung unter die Füsse).

Zarte Zistrosen

Nur noch wenige Mauerreste des Castelliere aus dem Jahr 1000 v. Chr. sind heute sichtbar. Mit ein bisschen Fantasie kann man die Grundmauern des quadratischen Gebäudes samt Turm – eine einstige Tempelanlage? – geistig in die Höhe ziehen und der Magie der keltischen und römischen Zeit nachspüren. Weiter oben, auf dem höchsten Punkt des Hügels, stand im Mittelalter eine Burgruine, von der heute nur noch zwei kleine Mauern zeugen. Kraftortforscher orten hier einen starken Platz. Sie sehen in der Wortwurzel von Tegna einen Hinweis auf einen Kultplatz des Lichtgottes. Das irische Wort «dag» lässt sich mit «hell» übersetzen, «dago-devos» war bei den keltischen Druiden höchster Gott. Der viereckige Tempel ist diagonal zum Sonnenaufgangspunkt gerichtet, was auf einen sakralen Ort eines Sonnen- und Lichtgottes hinweisen könnte. Das in der Nacht der Wintersonnenwende entzündete Feuer der Druiden galt als symbolischer Akt der Wiedergeburt der Sonne.

In luftiger Höhe haben Sie einen fantastischen Blick auf das Maggiadelta mit Ascona und Losone sowie hinauf nach Intragna, zu den Ufern des Gambarogno und die bewaldeten Hänge, und natürlich auf den Lago Maggiore.

Von hier oben zeigt sich gut, wie sich das Maggiatal und Centovalli verzweigen. Reizend ist es im Mai und Juni, wenn der gelbe Ginster und die weissen Zistrosen mit gelbem Innenfleck üppigst den Hang überziehen.

Es geht bergab

Nach dem Ausflug in die galloromische Zeit gehts runter nach Tegna. Bald erreichen Sie Forcola. Ein bisschen hat man das Gefühl, die sie-

Verwunschenes Forcola

ben Zwerge leben an dem weltentrückten Platz.
Das Ensemble von ein paar Rustici und zahlreichen, wild herumliegenden Granitsteinen und -tischen wirkt magisch und lädt zum Verweilen ein. Alles im Zeichen des Steins, typisch Tessin also. Eine Quelle sprudelt im sonnendurchfluteten Areal, der Ginster setzt gelbe Farbtupfer. Fabelhaft ist die Sicht aufs Centovalli und die Magadinoebene und den grosszügig angelegten Golfplatz von Losono. Weiter gehts talwärts auf dem weiss-rot-weissen Weg, der von schönen Kastanien und Birken gesäumt ist. Bald setzt sich der Marsch auf einem schmalen originellen Steindamm fort. Ein wenig müssen Sie die nächsten paar Hundert Meter durchs Quellgebiet aufpassen und Balance halten, denn unmittelbar rechts plätschert ein Bächlein. Sie kommen in Kürze in Selvapiana raus, wo es links nach Tegna geht.

(Wer möchte, kann einen Abstecher rechts hinauf zur kleinen, anmutigen Kapelle St. Anna machen, mit vielen Steintischen, Grillplatz und gutem Brunnenwasser. Von dort oben geniesst man eine fabelhafte Aussicht aufs breite Flussbett der Maggia und Melezza.)

Es führt durch einen wilden Laubwald abwärts, mit uralten mächtigen Kastanien, Waldfarn, Lorbeer, üppiger Krautschicht, immer wieder leuchten die Zistrosen und irgendwann tauchen die ersten Palmen auf.

Am Tor zum Maggiatal **137**

Wuchernde und lianenverschlungene Natur vermittelt einen Hauch von Urwald. Munter gehts entlang geschichteter Steinmauern runter, aus dem Blattwerk hebt sich erneut ein Marienaltar hervor.

Der Weg ist stellenweise recht steinig und erfordert Trittsicherheit. Sie kommen an einem Wasserreservoir vorbei, schliesslich führen hohe Steintreppen ins Dorf Tegna. Das Auge streift gepflegte Gärten mit Wildkirschen, Palmen, Oleander, Hortensien, Forsythien, Kamelien, Magnolien, in der Luft liegt südliches Flair. Von unten leuchten in Terrakotta und Ocker alte Häuser, weithin sichtbar ist der dominante Kirchturm.

Tegna ist ein kleiner netter Ort, vielleicht wollen Sie hier noch einen Macchiato trinken. Hinter der

Brissago-Inseln inmitten des Lago Maggiore

Kirche ist der Bahnhof, wo Sie mit der Centovallibahn innert Minuten in Locarno sind.

Wer Lust verspürt, kann auf dem Planetenweg zurück nach Locarno gehen (6 Kilometer). In Tegna am Fuss des Kirchturms ist die Station des Pluto, dort dem signalisierten Weg folgen zur Fussgängerbrücke und dann immer entlang den ruhigen Ufern der Flüsse Maggia und Melezza, bis zum Lido von Locarno. Texttafeln informieren zu den Planeten.

Tegna

Frühling am Lago Maggiore
Irgendwie ist der Lago Maggiore Sinnbild für Süden, Leichtigkeit, Fröhlichkeit und Lebensgenuss mit italienischem Flair. Der von zahlreichen Poeten besungene See übt eine geradezu magnetische Kraft aus. Seit Jahrhunderten suchen Künstler, Schriftsteller, Visionäre, Utopisten, Träumer am Lago und in den zauberhaften Tälern ein besseres, erfüllteres Leben. Gerade im Frühling lockt der Lago, erwacht dieser dank des günstigen Klimas doch früher als anderswo und verzaubert mit Sonne und Blütenpracht, zum Beispiel in Locarno und Ascona.
Auf nach Locarno und italienischen Charme geniessen! *Draussen den ersten Cappuccino trinken kann man am besten an der herrlichen Piazza Grande mit ihren Arkaden, einer der bekanntesten und grössten Schweizer Stadtplätze. Hier pocht das kulturelle, kulinarische und geschäftliche Leben: der Wochenmarkt (donnerstags), die «Moon & Stars»-Konzerte und während des Filmfestivals die abendlichen Vorstellungen. Wunderschön ist es, die pulsierende Altstadt mit den engen Gassen, adligen Häusern, dem mächtigen Castello und sehenswerten Kirchen zu erobern.*
Ein Traum, der Kamelienpark von Locarno. Eine knappe halbe Stunde vom Hafen Richtung Ascona, immer entlang das Lagos spazieren, und Sie sind dort. 900 verschiedene Kameliensorten (Blütezeit vor allem März/April, teils auch im Mai) sowie Mimosen, Magnolien und andere pulsieren in den schönsten Farben und Düften aus den 40 Beeten. Labyrinthartig gehts zwischen blühenden Pflanzen und prachtvoller Natur durch den Park, mit Amphitheater, Bänken, Wasserspielen, didaktischem Pavillon, im Hintergrund das Rauschen des Sees und Vogelgezwitscher. Ein Ort der Musse.
Auf nach Ascona und zu den Inseln! *Sich Ascona mit dem Schiff von Locarno aus anzunähern, ist äusserst reizvoll. Die exklusive Destination, auch «Perle am Lago Maggiore» genannt, bietet alles, was das Herz begehrt: viel Kunst und Kultur, schöne Plätze, elegante Boutiquen, Märkte, Galerien, namhafte Hotels und Cafés, Sonnenterrassen. Die Piazza, eine Seeterrasse, dient als Bühne für eines der wichtigsten europäischen Jazzfestivals, dem «JazzAscona».*
Interessant und inspirierend ist der knapp halbstündige Aufstieg zum berühmten Monte Verità. Anfang des 20. Jahrhunderts lebte auf dem Berg der Wahrheit eine bunt zusammengewürfelte Gruppe von Weltverbesserern und Utopisten, die sich der Rückkehr zur Natur, auch dem Kult der Grossen Mutter verschrieben und einen hohen philosophischen Idealismus vertraten. Das Gute im Menschen und strikte Gleichberechtigung wurde gepredigt. Es wurde gesungen und getanzt und im Freien (nackt) in Licht gebadet und musiziert und vegetarisch gegessen. Diese geistige Ausrichtung war in jener Zeit absolut

Piazza Grande in Locarno

revolutionär, für die meisten Tessiner waren die teils sehr eigenwilligen Gäste jedoch eine Ansammlung von Spinnern. Von diesem visionären Projekt – sich selbst und die Welt neu zu erfinden – und der Reformkulturlandschaft fühlten sich zahlreiche Künstler, Freidenker, Spirituelle, Suchende, Philosophen, Nudisten, Schriftsteller und andere angezogen, auch viele Berühmtheiten wie Carl Gustav Jung, Rudolf von Laban. Hermann Hesse unterzog sich 1907 auf dem Berg der Wahrheit einer längeren Alkoholentziehungskur; bei vielen seiner späten Erzählungen ist der Berg Schauplatz. Zwischen 1926 und 1958 kamen für ein paar Tage oder wohnten auf dem Berg etwa 35 000 Besucher aus dem In- und Ausland. Heute sind in dem grossen, bewaldeten Park ein Zengarten, eine Teeplantage mit über 1000 Pflanzen, ein japanisches Teehaus (mit wöchentlichen Teezeremonien) sowie ein Kräutergarten. Zudem gibt es ein Seminarzentrum und das Hotel Monte Verità samt Restaurant, ein schönes Beispiel der Bauhaus-Architektur. Vielleicht kommt man auf dem magischen Berg, inmitten der Naturidylle und hoch über dem Lago, tatsächlich der Wahrheit ein Stück näher? Von hier führt ein Wanderweg mit unübertrefflichen Blicken auf den See via Ronco s/Ascona nach Brissago (knapp 3 Stunden).

Ein weiteres Highlight sind die Brissago-Inseln, häufig als «schwimmende Gärten» bezeichnet, die man mit dem Schiff von Brissago oder Ascona mühelos erreicht. Ein Blüten- und Knospenmeer präsentiert sich in dem 2,5 Hektar grossen botanischen Garten inmitten des Sees. Über 1700 Pflanzenarten entführen insbesondere im Frühling in eine duftende, verträumte, farbenprächtige Welt. Auf der exotischen Pflanzenreise werden alle fünf Kontinente erobert.

18 Entlang den Ufern der Thur zur Naturoase Husemersee

Genusswandeln an der Thur – Zeit für Musse im Naturschutzgebiet – durchs Himmelrich spazieren und weiter auf verträumten Wiesen- und Waldwegen nach Ossingen

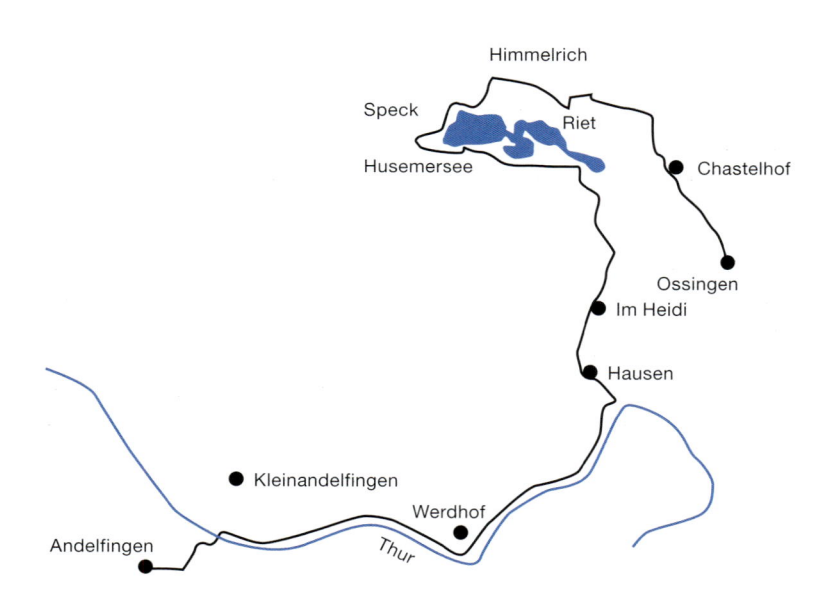

Route: Andelfingen (402 m ü. M.) – Hausen (400 m ü. M.) – Im Heidi (410 m ü. M.) – Husemersee (409 m ü. M.) – Ossingen (427 m ü. M.)

Wanderzeit: 2 Std. 50 Min.

Wegstrecke: 9 km

Anreise: Mit dem Zug von Winterthur/Zürich nach Andelfingen

Rückreise: Mit dem Zug von Ossingen nach Winterthur/Zürich

Entlang den Ufern der Thur

Andelfingen liegt inmitten des Zürcher Weinlandes, umgeben von einer fruchtbaren, sanft in Wellen gelegte Landschaft. Wenn Sie am Bahnhof Richtung Husemersee/Thur gehen, stossen Sie direkt auf den denkmalgeschützten Dorfkern. Herrliche Riegelhäuser und schmucke Gärten lassen den Gang durchs Dorf zu einem sinnlichen Erlebnis werden. An den zahlreichen historischen Gebäuden sind Gusstafeln angebracht, wo Sie so manch Interessantes über die Geschichte des Hauses erfahren. Sie kommen an der reformierten Kirche mit dem markanten neugotischen Turm vorbei, dort nehmen Sie rechts die Strehlgasse abwärts. Nach etwa 15 Metern gehts rechts die Stapfen runter, welch Augenweide hier die 1386 gebaute Lindenmühle mit dem alten Mühlenrad. Am Zehnthaus aus dem Jahr 1470 gehts rechts und an schönen Fachwerkhäusern vorbei, dann auf dem Haldenweg links abwärts, immer der gelben Raute nach runter zum Fluss. An der Hauptstrasse angelangt, halten Sie sich rechts und marschieren zur Thurbrücke.

Ein Abstecher zum Schloss mit dem prächtigen Park lohnt unbedingt – einfach an der Ecke Haldenweg geradeaus in der Schlossgasse weitergehen, wobei Sie ein weiteres Kleinod ausfindig machen, das «Velo-Buume-Huus», ein imposantes Doppelbauernhaus aus dem 16./17. Jahrhundert. Darin war schon eine Wirtsstube, ein Pulvermagazin, eine Velowerkstatt, heute ist es ein Fünffamilienhaus …

«Velo-Buume-Huus»

Über die gedeckte Thur-Holzbrücke rollte bis 1958 der Transitverkehr zwischen Winterthur und Schaffhausen, seit Eröffnung der Weinlandbrücke dient sie nur noch dem Lokalverkehr – und passionierten Wanderern. Sie passieren das alte Zollhaus – heute kostenlos, noch vor 170 Jahren haben hier die Zürcher Beamten Wegzoll erhoben – und queren die Thur. Gleich danach gehts rechts die Alte Steinerstrasse rein, Richtung Husemersee/«Thuruferpfad». Etwa eine Stunde durchstreifen Sie nun die Gestade der Thur, flussaufwärts. Schon bald löst ein Naturweg die Asphaltstrasse ab, gleich wirds idyllisch. Folgen Sie an der Abzweigung nahe der hohen Autobahnbrücke geradeaus dem «Thuruferweg» (nicht links abbiegen Richtung Husemersee). Mühelos schreiten Sie voran, durch einen lauschigen Uferwald voller Buchen, Eschen, Ahorn und aus dem satten Grün tönt fröhliches Vogelgezwitscher. Bald wandern Sie unter der alten Eisenbahnbrücke hindurch und betreten offenes Kulturland. Leichtfüssig gehts weiter, es wird ganz stille. Beim Werdhof hat die Thur eine Menge Kies und Sand abgelagert und schöne Uferbette kreiert. Ganz der Sonne ausgesetzt ist der weitere Weg, der von den Schlaufen des Flusses vorgegeben ist. Mal strudelnd, mal dynamisch, immer mit voller Kraft zeigt sich die Thur. Lebendig umspült das Wasser die Steine, nuancenreiche Grüntöne glitzern im Licht. Es scheint, die Wassernymphen wirbeln hier kräftig mit. Aus den Uferbüschen und Weiden steigen feine Düfte empor, Blütenzauber und malerische Naturszenen rücken ins Bild. Irgendwann ist man in Einklang mit dem vitalisierenden Fluss und der verträumten Landschaft und fühlt sich rundum wohl.

Noch bevor die Thur eine 90-Grad-Kurve macht, gehen Sie an der Weggabelung links Richtung Hausen/Ossingen, auf dem Feldweg waldwärts. Sie steigen über ein romantisches Bachtobel, voller zarter

Lebendige Thur

Schmuckes Fachwerk in Hausen

Gräser, Moose, Buchen und Kastanien, innert 10 Minuten hinauf nach Hausen (gelb markiert). Der reizende Ort besteht aus einer Kirche, einem ehemaligen Pfarrhaus, Sigristenhaus und ein paar Bauernhäusern mit typischem Fachwerk. Werfen Sie einen Blick in die erstmals 1274 urkundlich erwähnte Kirche. Im Hochmittelalter stand das St. Georg geweihte Gotteshaus dem Kloster Reichenau zu und gelangte etwa 1360 an das Konstanzer Domstift. Der Kirchenbau lässt sich auf jene Zeit zurückdatieren, der Polygonalchor auf Bauten um 1490. Bei Restaurationsarbeiten Ende der 1960er-Jahre kamen Reste einer romanischen Kirche mit Langhaus zum Vorschein, die im heutigen Bau stilvoll integriert wurden. Von dem schlichten Gotteshaus geht eine feine Kraft aus.

Zum idyllischen Husemersee

Am Wegweiser Hausen halten Sie sich rechts, Richtung Ossingen/Truttikon. Wenn Sie kurz nach Hausen einen Blick nach rechts werfen, erspähen Sie das Schloss Widen. Auf asphaltiertem Weg, von Birken und Apfelbäumen gesäumt, gelangen Sie in Kürze zur Hauptstrasse, die Sie queren – Sie erreichen Im Heidi. Halten Sie weiter die Richtung Ossingen, auf sonnigem breiten Weg durchstreifen Sie Kulturland, von Mais und Reben durchzogen. An der nächsten Weggabelung heisst es links abbiegen,

Zeit für Musse

Richtung Husemersee. Ein Naturweg führt durch einen lieblichen Thurgauer Landstrich auf eine kleine Anhöhe, und bald zeigt sich rechts unten anmutig der See. Noch eine Weile marschieren Sie oberhalb des Natursees, dann kommen Sie endlich in Tuchfühlung mit dem Uferwald und Wasser.

Das Naturschutzgebiet ist eine wunderbare Oase im Wald. Stege führen hier und da zum See, Schilf weht im Wind, üppig wuchern Pflanzen und kraftvolle Bäume. Im Hintergrund vernimmt man das Singen und Flöten der Vögel, das den Frühling lautstark willkommen heisst. Wie Sie sehen werden, laden viele reizende Plätze und Bänke rund um den Husemersee zum Verweilen, Träumen oder einfach Sein ein.

Das vielfältige Naturareal bietet Amphibien, Reptilien, Vögeln und Wild, aber auch unzähligen Pflanzen geschützten Lebensraum. Von der Moorlandschaft geht eine zauberhafte Stimmung aus, irgendwie scheint die Zeit stillzustehen. Herz und Verstand werden gleichermassen beflügelt. Ein kleines Naturparadies eben.

Übers Himmelrich nach Ossingen

Wenn Sie – nach kurzen Abstechern hierhin, dorthin – wieder auf dem Wanderweg am westlichen Ufer sind, kommen Sie am «Fischer» vorbei; geradeaus gehts zur Badi mit schöner Liegewiese, wo im Sommer viele Naturliebhaber ein frisches Bad nehmen. Sie wandern hier links aufwärts und gleich wieder rechts, der gelben Raute nach, und promenieren auf breitem Weg durchs Uferwäldchen. Am Wegweiser halten Sie sich rechts, Richtung Truttikon, gehen auf der Amtweierstrasse durch den frühlingslichten Laubwald. Linker Hand befindet sich der sakrale Hügel Speck mit wachsenden jungen Bäumen – leider ist er zurzeit schwierig zu erkunden. Forschungen zufolge sollen bereits in der Steinzeit sich Menschen um den See angesiedelt haben. Auf dem kleinen Speck-Hügel am westlichen Ufer, dort wo die Sonne untergeht, sollen die Toten ihre letzte Ruhestätte gefunden haben. Mitten im tiefen Wald verbirgt sich also eine interessante Totenstadt mit 13 Hügelgräbern. Nach ein paar 100 Metern gehen Sie an der Abzweigung wieder rechts, Richtung Truttikon; bald kommen Sie zu einem Wehr und Holzstegen, die zum Wasser führen. Elegant werden Sie um den See gelotst, an den zwei lauschigen Bänken können Sie ein letztes Mal einen Blick aufs Wasser werfen und innehalten, dann gehts links ins Himmelrich. Wie der Name bereits vorausschickt, marschiert es sich auf der Himmelrichstrasse flügelleicht und wolkenschön. Es geht über einen Wall und durch malerisches Riedland, entlang eines Ackers und in ein kleines Wäldchen, von himmlischer Ruhe getragen. Wieder unter freiem Himmel, passieren Sie den Parkplatz und gehen etwa 150 Meter auf Asphalt, immer Richtung Truttikon.

Stille am Husemersee

Am Seehof halten Sie sich links und wandern gemütlich auf dem Feldweg (= Hinderchastelstrasse) am Rand des Chastelwaldes, mit weitem Blick über die Wiesen und Äcker. Es ist ein beschauliches Auslaufen. Wenn Sie auf die Chastelholzstrasse stossen, marschieren Sie auf dem Forstweg rechts weiter (links gehts nach Truttikon). In Kürze durchstreifen Sie das Gelände des Chastelhofs mit den blühenden Kirsch- und Apfelbäumen. An der Hauptstrasse gehen Sie links, etwa 200 Meter, und biegen dann rechts ab auf den Kiesweg (= «Ostschweizer Wein-Route»); nach der Unterführung befindet sich rechts der Bahnhof Ossingen. Übrigens war man sich in Ossingen früher sicher, dass der Husemersee seine Bewohner segne. Man erzählte sich, dass der Schutz und Segen vom «Glöggli» des Hausener Kirchturms, das ehemals im See versenkt wurde, käme … Oder war es gar eine Wassernymphe?

Schloss Andelfingen und Park

Im Jahr 1613 wurde das Schloss Andelfingen erbaut, 170 Jahre später wieder abgebrochen und neu errichtet. Nach einigen Eigentümerwechseln gelangte es in Besitz der Gemeinde Andelfingen. Über 75 Jahre diente es als Altersheim, im Jahr 2000 übernahm eine Stiftung die Schlossliegenschaft. Zum Schloss, das heute unter anderem für kulturelle Veranstaltungen genutzt wird bzw. vermietbare Räume zur Verfügung stellt, gehört eine schöne, ganzjährig öffentlich zugängliche Parkanlage. Beim Flanieren durch den anderthalb Hektar grossen Park bekommt man einen Hauch des 19. Jahrhunderts zu spüren – ein hinreissendes Beispiel für die Gartenarchitektur jener Zeit. Gleich zu Beginn schaut man in ein bewaldetes Tobel mit Bach. Uralte Bäume, bunt pulsierende Blumenbeete und ein duftender Küchenkräutergarten mit über 130 verschiedenen Pflanzenarten sind zu bestaunen. Es ist ebenso ein Augen-, Duft-, Berührungs- und Geschmacksgarten. Wenn Sie am Rondell mit der besonderen Blutbuche stehen, gewinnen Sie einen zauberhaften Überblick aufs Gesamtkunstwerk. Ein Laubengang führt zu den Platanen und dem Pavillon. Bänke laden ein zum kurzen oder langen Verweilen. Ein guter Ort, wo man sich in die grosse weite Welt träumen kann, von der man im 19. Jahrhundert so sehr fasziniert war.

19 Blueschtwandern in Mostindien

Abwechslungsreicher Streifzug durchs Oberthurgau mit Bergblick: durch reizende Dörfer mit typischen Riegelbauten und satten Frühlingswiesen – in voller Pracht: blühende Apfelbäume – Genusswandeln pur!

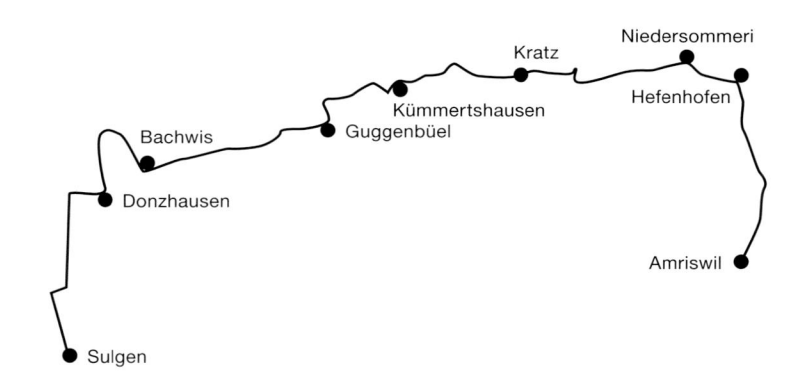

Route: Amriswil (437 m ü. M.) – Hefenhofen (451 m ü. M.) – Niedersommeri (463 m ü. M.) – Kümmertshausen (481 m ü. M.) – Guggenbüel (483 m ü. M.) – Lenzenhaus (478 m ü. M.) – Donzhausen (460 m ü. M.) – Sulgen (449 m ü. M.)

Wanderzeit: 3,5 Std.

Wegstrecke: 14,5 km

Anreise: Mit dem Zug von Frauenfeld nach Amriswil

Rückreise: Mit dem Zug ab Sulgen

Unter weitem Himmel

Ganz versteckt hinter dem Bodensee liegt Amriswil, ein schmucker Thurgauer Weiler, der ein beliebter Ausgangspunkt für Wanderungen ist. Am Bahnhof halten Sie sich Richtung Hefenhofen, das heisst, durch die Unterführung und zum nahen Ziegelweiher spazieren. Geruhsam läuft es sich durch den Minipark, entlang des Wassers und alter Bäume und bald verlassen Sie die letzten Häuser von Amriswil.

Ein breiter Weg schlängelt sich durch die frühlingsgrünen Wiesen und die mit Mais, Getreide und Kartoffeln bepflanzten Äcker, immer gegen Hefenhofen/Sommeri zu. Ende April, Anfang Mai leuchten wunderschön die weissen Apfelblüten unter dem weiten Himmel. Blühende Apfelbäume, hochstämmige, niederstämmige – Synonym fürs Oberthurgau schlechthin – begleiten Sie heute auf Ihrer Wanderung bis zum Schluss.

Bald durchstreifen Sie Hefenhofen, am Landgasthof «Sonne» biegen Sie links ab Richtung Sommeri/

Am Ziegelweiher

Unter freiem Himmel

Leimbach. Etwa 10 Minuten ist der Marsch auf der Hauptstrasse, am Ortsbeginn Sommeri dann rechts abbiegen. Sie steuern direkt die Kirche in Niedersommeri an, deren bunte Kirchturm schon von Weitem sichtbar ist. Betrachten Sie die Sonnenuhr an der Südfassade etwas genauer. Anschaulich hielt im Jahr 1713 eine unbekannte Künstlerin auf dem Ziffernblatt einen Angriff der Reformierten aus Herrenhof, Güttingen und Altnau auf Sommeri fest. In jenem Sturmangriff 1712 kamen fünf Männer ums Leben, die entweihte Kirche war zerstört.

An der paritätischen Kirche St. Mauritius nehmen Sie den Kirchweg ortsauswärts, Richtung Kümmertshausen. Da sind sie wieder, blühende Obstbäume, die sich wie ein frisches Frühlingskleid übers Land legen. Insbesondere die hochstämmigen Obstbäume sind von ökologischem Wert, bieten sie doch wertvollen Lebensraum für Vögel, etwa Specht, und andere Tierarten. Nach dem Felbenhof betreten Sie ein angenehmes Natursträsslein, das durch flaches Kulturland führt und von daher völlig anstrengungslos ist. Der Blick kann in die schiere Weite des Oberthurgaus gleiten, über kultivierte Äcker und Löwenzahnwiesen. Majestätisch präsentieren sich die sieben Churfirsten und der Speer; daneben der prächtige Säntis, mit 2500 Meter der höchste Berg im Alpstein und zudem die bedeutendste Wetterbeobachtungsstation der Schweiz. Seit 1882 steht auf dem Gipfel ein Windwetterhäuschen, 1187 wurde ein Observatorium gebaut.

Nach etwa 2 Kilometer führt der (etwas verblasste) Wegweiser rechts hinauf zum Wäldchen, da gehts gleich wieder links. Nach wie vor bleibts idyllisch auf dem Naturweg, entlang des Waldrandes und im erfrischenden Wald. Links unten taucht bald ein Gehöft auf, Sie vagabundieren weiter durch einen breiten Gürtel von Obstgärten. Schliesslich erreichen Sie Kratz und ein Wasserreservoir, wo Sie die Hauptstrasse Oberaach–Langenrickenbach queren und geradeaus weitermarschieren, Richtung Kümmertshausen. Ein reizender Abschnitt beginnt, Mostindien wie aus dem Bilderbuch: riesige Flächen von Niederstammobstbäumen, getragen von einer wunderbaren Stille.

Lenzenhaus

Blütenpracht

Blueschtwandern in Mostindien **151**

Über den Kirchweg gelangen Sie nach Kümmertshausen, an der Kreuzung marschieren Sie links dorfeinwärts. Malerische Riegelbauten machen den Reiz des kleinen Weilers aus. Wer hier vor schönster Alpenkulisse absteigen möchte, kann dies in der Wellnessfarm tun – die abenteuerlichere Variante wäre «Schlafen im Stroh» (Hauptstrasse 2).

Im Ortszentrum halten Sie sich rechts, Richtung Guggenbüel/Leimbach. Auf der Buchstrasse gehts etwa 200 Meter sanft aufwärts, dann biegt der Wanderweg links ab. Lieblich zeigt sich das Oberthurgau, die topfebenen Felder sind mit Löwenzahn überzogen und von Obstbäumen gesprenkelt. Bald nimmt Sie ein Wald auf, voller ergrünender Buchen, Ahorn, Eichen und Eschen. Der Tobelbach mäandriert rechter Hand, es duftet nach frischer Frühlingserde. Immer der gelben Raute nach, wandern Sie dann entlang des Waldrandes ins offene Land. Riesige Äcker breiten sich aus, bis Sie schliesslich Guggenbüel und 10 Minuten später Lenzenhaus erreichen. Dort sticht ein noch ursprüngliches Thurgauer Fachwerkhaus aus dem Jahr 1802 ins Auge, früher ein Gasthof.

Hier gehen Sie geradeaus weiter Richtung Leimbach/Weinfelden. Wie von selbst läuft es sich auf sonnenexponiertem Weg durchs Ackerland, im Herbst wogt hier ein Meer goldener Ähren. In Bachwis (etwa 170 Meter vor dem Orts-

Bald ist Sulgen erreicht.

schild Donzhausen) gehen Sie rechts, Richtung Leimbach bzw. «Rundweg Sulgen», an bunt pulsierenden Gärten und Gehöft vorbei bis zum Waldrand.

Hier, am Stueler Holz, verlassen Sie den gelb markierten Wanderweg und folgen links dem roten «Rundweg Sulgen». Ein Weg zum Träumen und weit Schauen, dann erreichen Sie Donzhausen – ein typisches Dorf der Region mit bezaubernden Riegelbauten und Obstgärten. Von der Leimbacherstrasse zweigt die Schulstrasse rechts ab («Rundweg Sulgen») und gleich kehren Sie dem Dorf den Rücken. Weiter gehts durch Fluren, wo, wie hier überall auf den Äckern, auffällig viele Raben kreisen und krächzen. Rechter Hand zeigen sich in guter Sichtweite die Häuser von Leimbach, Sie stossen dann in Donzhausen West an der Weggabelung wieder auf den gelben Wanderweg, wo Sie sich links orientieren.

Am Waldrand angekommen, marschieren Sie dem Wanderweg folgend geradeaus (nicht den Rundweg nehmen) und passieren ein Waldstück. Ein romantischer Picknickplatz lädt am Waldrand zu einer Rast ein, bevor Sie durchs Sulgener Gewerbeviertel spazieren und die Strasse nach Romansdorf queren. Via Schmalzgasse, wo sich rechter Hand noch einmal hochstämmige Obstbäume auftürmen, dann Kirchstrasse und Poststrasse erreichen Sie den Bahnhof Sulgen. Sie laufen direkt an der reformierten Kirche vorbei, deren Schiff aus dem Jahr 1751 eine Kreation des Baumeisters Hans Ulrich Grubenmann ist.

Mostindien

Der Apfel wird unweigerlich mit dem Thurgau assoziiert. Und die Marke «Mostindien» ist inzwischen weithin bekannt und gebräuchliche Umschreibung fürs Thurgau, hauptsächlich fürs Oberthurgau. Denn seit dem Spätmittelalter werden hier breitflächig Obstgärten (vornehmlich Äpfel, auch Birnen) angelegt und zu Most verarbeitet. Originell ist die Wortschöpfung. «Most» resultiert aus dem Apfelanbaugebiet, das zu jeder Jahreszeit attraktiv ist: Im Frühling, wenn sich ein Blütenmeer übers Land legt; im Spätsommer, wenn man in den frischen Apfel beissen kann; im Herbst, wenn das Obst zu Most verarbeitet wird. Die Umrisse des Kantons, die denen von Indien ähnlich sehen, begründen den Wortteil «Indien» – «Mostindien» war geboren ...

20 Durchs malerische Seebachtal zur Kartause Ittingen

Schönste Fachwerkhäuser bestaunen – entlang des malerischen Nussbaumer- und Hütwilersees spazieren – durch Riedland und wertvolle Moorwälder – Abstecher zur Ruine Hälfenberg – Abstieg ins Kloster: Kultur, Gaumen- und Gartenfreuden geniessen

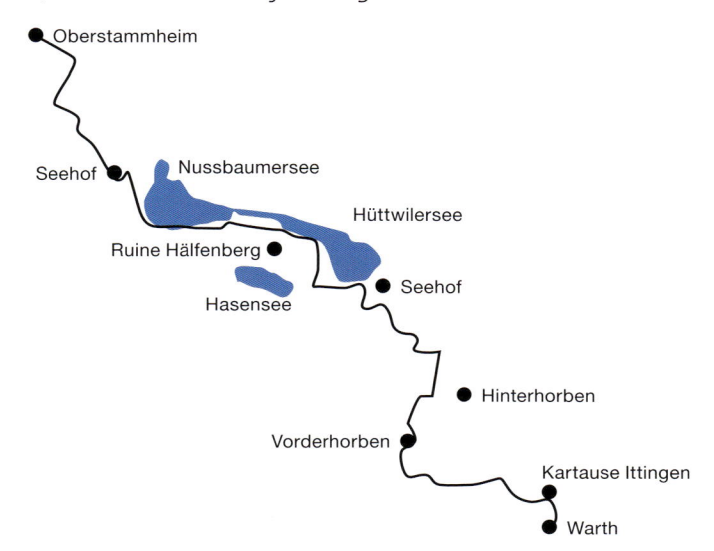

Route: Oberstammheim (445 m ü. M.) – Moos (440 m ü. M.) – Hälfenberg (436 m ü. M.) – Vorderhorben (486 m ü. M.) – Kartause Ittingen (426 m ü. M.) – Warth (445 m ü. M.)

Wanderzeit: 3 Std. 40 Min.

Wegstrecke: 13 km

Anreise: Mit dem Zug nach Frauenfeld, weiter mit dem Postauto nach Oberstammheim (Post)

Rückreise: Mit dem Postauto von Warth (Kreuz) nach Frauenfeld, weiter mit dem Zug

Unterwegs ins Naturschutzgebiet

In Oberstammheim/Post gehen Sie eine Weile auf der Hauptstrasse, Richtung Uerschhausen. Beim Spaziergang durchs Dorf taucht ein malerisches Fachwerkhaus nach dem anderen auf. Sie kommen am Dorfplatz mit der alten Linde samt Dorfbrunnen vorbei, da steht auch das Gemeindehaus mit den charakteristischen waagrechten Riegelzügen. Am Ortsende zeigt sich wohl eine der schönsten Riegelbauten der Ostschweiz, der Gasthof «Zum Hirschen». Das wuchtige Haus aus dem Jahr 1684 ist ein schönes Exempel aus konstruktiven Elementen und Zierkunst; geflammte Kreuze und ein Erker schmücken das Kleinod.

Am «Hirschen» gehen Sie rechts, dorfauswärts. Für ein kurzes Stück spazieren Sie noch auf Asphalt, am Stadel lotst Sie der Wegweiser links auf einen Feldweg, Richtung Uerschhausen. Herrlich der warmen Frühlingssonne ausgesetzt, vagabundieren Sie durch eine prächtige Wiesen- und Ackerlandschaft. Grenzenlos weit darf man schauen, über die bunten Löwenzahn- und Rapsfelder, die sattgrünen Wiesen bis zu den Weinbergen und bewaldeten Hängen in der Ferne. Zuckerrüben und Korn und Spargel gedeihen hier prächtig auf fruchtbarem Boden. Frohgemut gehts voran, auf ebenem, breitem Naturweg (gelb markiert).

Den Anfang des Weilers Seehof markiert die in voller Blüte stehende Apfelbaumplantage. Dort gehen Sie die Teerstrasse links abwärts und durch den Ort. Sie bleiben dann noch etwa 150 Meter auf der schmalen Fahrstrasse und biegen in der Kurve links ab und gleich wieder rechts, zunächst Richtung Uerschhausen. Ein Landwirtschaftsweg lotst Sie an einer ehemaligen Gärtnerei vorbei und nach Moos (von hier ist es nur eine halbe Stunde nach Hälfenberg, das nächste Ziel). Schon von Weitem glitzert der Nussbaumersee, mit dem Sie gleich in Berührung kommen. Sie befinden sich am Tor zum Seebachtal, eine Seenlandschaft von nationaler Bedeutung mit den drei Eiszeitseen Hüttwiler-, Hasen- und Nussbaumersee. Ein wunderschöner Weg durch das einzigartige Naturschutzgebiet beginnt, entlang des Wassers und artenreichem Wiesen- und Kulturland. Gleich taucht eine Badi auf – wenn es warm ist, ist es ein Traum, ins Wasser zu springen. Aus Naturschutzgründen darf jedoch nur an insgesamt drei Stellen gebadet werden. Im Mai kann es hier richtig laut werden, da ist der Ruf des

Durchs malerische Seebachtal zur Kartause Ittingen **155**

leuchtend grünen Laubfroschmännchens zur Paarungszeit oft kilometerweit zu vernehmen. Dank Massnahmen wie die Errichtung neuer seichter Uferzonen, Amphibienteiche und Flachwassertümpel fand der seltene kleine Laubfrosch, der nur 4 Zentimeter gross ist, hier geeigneten Lebensraum. Das Gebiet wurde sogar ins Bundesinventar der Amphibienlaichgebiete von nationaler Bedeutung aufgenommen.

Auf Stegen gehts durchs Schilf und entlang fein gekammerter Landschaft, von gelb leuchtendem Raps, Löwenzahn, noch jungen Getreidepflänzchen oder auch Gemüseanbau durchzogen.

Seebachtal im Juni

Der Pfad schlängelt sich elegant am Nussbaumersee entlang, Sie halten sich fortan Richtung Hälfenberg (d. h. die Abzweigung nach Uerschhausen ignorieren). Aus dem Uferwald strahlt es in schönsten Grüntönen und Schattierungen.

Intention der Stiftung Seebachtal ist es, die natürlichen Lebensräume einheimischer Pflanzen und Tiere gezielt zu fördern. Flächen in Seenähe werden renaturiert, Wälder geschützt, Moore sollen wieder entstehen dürfen.

Schätze im Seebachtal

Bereits in der Mittelsteinzeit (9000–5500 v. Chr.) wurde das Seebachtal von Wildbeutern für Fischfang und Jagd aufgesucht. Demnach zählt es zu den ältesten Lebensräumen im Thurgau. Auch ersten Siedlern in der Jungsteinzeit bot es ideale Lebensgrundlagen. Bereits 1859 entdeckte man um das Inseli herum Pfahlbauten, die später nicht mehr sichtbar waren. Als während des Zweiten Weltkriegs der Nussbaumersee gesenkt wurde, stiess man auf bronzezeitliche Schichten auf der Halbinsel Horn. Es sollte jedoch noch eine Weile dauern, bis die wahren Schätze im Nussbaumersee mit Halbinsel Horn und Inseli gehoben wurden ... Erstmals im Jahr 1970 unternahm die Archäologin Madeleine Sitterding gezielt Untersuchungen, 1985 bis 1990 startete das Amt für Archäologie Kampagnen zur Hebung der einstigen Siedlungsfläche auf dem Horn: 2600 Quadratmeter wurden freigelegt, ein spätbronzezeitliches Dorf (870–850 v. Chr.) mit über 100 Häusern als Block- und als Bohlenständerbauten. Ausserdem fand man sehr viel Keramik, Schmuckperlen aus Bernstein und Gagat sowie Alltagsgegenstände. Sondierbohrungen ums Inseli in den Jahren 1988 bis 1991 förderten zahlreiche Funde aus der Pfyner Kultur (3800–3550 v. Chr.) zutage, etwa Keramik, Textilreste, Kupferbeil, Holzartefakte. Diese Fundstelle ist eine der vier ausgewählten prähistorischen Pfahlbausiedlungen um die Alpen (Arbon, Eschenz, Gachnang, Hüttwilen), die 2011 ins UNESCO-Weltkulturerbe aufgenommen wurden. (Quelle: Amt für Archäologie, Thurgau/Stiftung Seebachtal)

Zur Ruine Hälfenberg
Wenn Sie ans Ende des Nussbaumersees gelangen und dann die Verkehrsstrasse queren (Richtung Hälfenberg), stossen Sie auf ein einzigartiges Gebiet. Das Neuhuser Loch, also das ganze Waldstück westlich des Hüttwilersees, gilt als Totalreservat: das heisst, der Moorwald ist sich selbst überlassen, forstliche Eingriffe sind verboten. Der Streifzug führt an wogenden Birken, Pappeln, Eschen und Erlen und wucherndem Gebüsch vorbei, es rätscht und tschilpt und krächzt und gurrt aus dem tiefen Moorwald, der Kuckuck kündet endlich den Frühling an. Zahlreiche (seltene) Vögel und Pflanzen sind hier heimisch geworden. Dies ist auch ein für biologische Forschungen sehr wichtiges und interessantes Terrain. Nach einer Weile erreichen Sie Hälfenberg, wo rechter Hand auf einer markanten Kuppe die mittelalterliche Ruine Hälfenberg ruft. Der 10-minütige Abstecher dorthin lohnt, über eine herrliche Baumallee erreichen Sie das Innere. Rechts unten schimmert aus dem Riedland der kleine Hasensee, der ebenfalls zum Na-

Ruine Hälfenberg

turschutzgebiet Seebachtal zählt. Erstmals 1331 wird die Burg in einer St. Galler Urkunde erwähnt; interessant jedoch sind diverse Funde, die aufs 12. Jahrhundert datieren, demnach dürfte die Burg bereits 100 Jahre vor der schriftlichen Erwähnung errichtet worden sein. Von «einem Burgstall» ist bereits ab 1430 die Rede, nach zahlreichen Besitzerwechseln übernahm 1978 der Kanton Thurgau zu einem symbolischen Preis von 1 Franken die historische Stätte und renovierte sie 1981/82. Der 23 mal 27 Meter grosse, rechteckige Grundriss, mit teils 2 Meter dicken Mauern, ist von mächtigen Eichen umstellt, mittendrin verbirgt sich ein Grillplatz. Alle zwei Jahre finden hier im Sommer die bereits legendären Ruinen-Open-Airs statt. Gibt es einen schöneren Platz für Musik, Tanz und Feier?

Naturidylle im Riedland

Zauberhaftes Riedland

Weiter gehts nach Vorderhorben. Waldnatur in wunderbaren Grüntönen zieht am Auge vorbei, silbern leuchten die Weiden im Licht. Unterhalb der Ruine vagabundieren Sie lässig entlang der Kornfelder, ganz der Sonne ausgesetzt. Bald zeigt sich linker Hand der Hüttwilersee mit seinen magischen Spiegelwelten, der aber bald wieder hinter Gebüsch verschwindet.

Sie tauchen ein in Riedland mit einzigartiger Vegetation: überall tanzende Gräser, Seggen, Binsen, Blüten und Disteln. Besonders wertvoll ist hier die Natur mit ihren Sümpfen und Mooren, die artenreichste Lebensräume darstellen, etwa für Kiebitze, Maulwürfe, Schmetterlinge, Libellen und unzählige Kleintiere. 2012 peilten erstmals wieder die seltene Helmazurjungfer und die Grosse Moosjungfer übers Feuchtgebiet – seit 1886 waren beide Arten im Seebachtal nicht mehr gesichtet worden. Folgen Sie dem gut markierten gelben Wanderweg (bitte beachten Sie bei hohem Wasserstand die Umleitungen). Bald stossen Sie auf die Grillhütte der Gemeinde Buch, dann gehts links (gelb markiert) in einen grün pulsierenden Frühlingswald voller flacher Tümpel und Wasseraugen und kleiner Überschwemmungen. Herrlich, dem Wachsen und Wuchern der Bäume und Pflanzen beizuwohnen und auf weichem Moorboden voranzuschreiten. Eine Naturoase, sich selbst überlassen, mit zarten Farnen und Gräsern, zauberhaften Licht- und Schattenspielen und einmaligen Naturbeobachtungen. Über Stege gehts und dann auf einer schmalen Holzbrücke ein Stück über den Hüttwilersee. Blickfenster auf eine kleine Insel und den See öffnen sich.

Magischer Hüttwilersee

In Kürze lotst der Wanderweg nach rechts (links führt ein Weg zum Strandbad), Sie verlassen jetzt das Seebachtal und wandern südwärts in Richtung Vorderhorben.

Blumenwiesen und Kulturland

Nun gehts auf breitem Kiesweg am Seehof vorbei und bald links durch einen kleinen Wald. An der Teerstrasse angelangt, öffnet sich eine schöne Sicht aufs Seebachtal und die Rebhänge. Hier links und nach 20 Metern rechts den sanften Wiesenhang aufwärts wandern (gelb markiert). Ein Naturweg setzt sich entlang des Waldrandes fort. Das Auge schweift über weite Wiesen, teils gelb eingefärbt, und unterschiedlich kultivierte Äcker, mit Getreide, Mais, Raps, Rüben. Wussten Sie, dass Zuckerrüben viermal mehr Sauerstoff produzieren als der Wald auf gleicher Fläche? Sie erzeugen viel Energie in Form von Zucker, und je mehr Süssstoff gebildet wird bei einer Pflanze, umso mehr Sauerstoff entsteht. Durch ihre tiefen Wurzeln verhindern die Rüben Nitratauswaschung; feine Wurzeln bleiben nach der Ernte im Boden, durchlüften ihn und werden zu Humus abgebaut. Selbstredend bewegt sich hier gerne die gefrässige, tagaktive Rübenmaus ... Nach Durchstreifen einer kurzen Waldpassage gehts abwärts durch offenes Wiesen- und Ackerland, bald auf einem Teersträsslein. Ein paar Hundert Meter weiter zeigt sich linker Hand im Frühling ein traumhaftes Blü-

Obstbäume in Hinterhorben

tenmeer. Der Öko- und Obstbauer Schur aus Hinterhorben hat systematisch im Reihensystem angepflanzt: Apfel- und Birnbäume, dazwischen Johannisbeeren, Aronia und Gojibeeren. Die 3 Meter breiten Baum-Beeren-Reihen sind mit Duft- und Blütenpflanzen wie Wiesensalbei, Herzgespann, Himmelsleiter, Minze, Nachtviole und Duftpflanzen verziert – zur Freude der Honigbienen, für die solche Pflanzen goldwert sind. Dazwischen in den extensiven Wiesen lebt es sich vortrefflich für Schmetterlinge, Hummeln und zirpende Grillen. Aus den blütenreichen Streifen duftet und pulsiert es wunderschön. Einzelne Hochstämme mit einem Umfang von 2,20 Meter sind wahre Methusaleme.

Hier lotst der Wanderweg nach rechts, Sie kommen an einem Gehöft vorbei, bald queren Sie die Verkehrsstrasse und erreichen den kleinen Weiler Vorderhorben. Dort gehts rechts, Richtung Warth, und entlang blühender Apfel- und Pfirsichbäume und Hecken in den Mischwald. Sie durchstreifen jetzt das gepflegte Waldreservat der Kartause Ittingen; an der Abzweigung steigen Sie rechts auf schmalem, teils steilem Pfad hinunter zur Kartause Ittingen (Achtung: Rutschgefahr bei Nässe).

Wenn Sie aus dem Wald kommen, stehen Sie vor dem kleinen Hopfengarten und erreichen übers Uesslinger Tor die Kartause. Die Grundsteine wurden 1079 gelegt, als die Burg Ittingen nach ihrer Zer-

Gärtchen vor der einstigen Mönchsklause

störung wiederaufgebaut wurde. Rund 700 Jahre lebten Mönche hier, zuerst die Augustiner, dann die Kartäuser: 1150 gründeten drei Ritter der Burg ein Chorherrenstift, 1461 kaufte der Kartäuserorden das Kloster. Eine äusserst spannende Geschichte nahm ihren Lauf ... Seit 1983 betreibt die privatrechtliche Stiftung Kartause Ittingen in den ehemaligen Klostergebäuden ein lebendiges Kulturzentrum. Die einstige Klosteranlage lädt zu einem kleinen oder grossen Rundgang.

Sie verlassen die Kartause via Heilpflanzengarten und gehen durchs Warther Tor immer geradeaus nach Warth zur Bushaltestelle, direkt am Gasthaus «Zum Kreuz» gelegen (ca. 8 Gehminuten). Ein schöner Anblick zum Schluss: links oben die Warther Kirche, stolz über den Rebhängen thronend.

Die Kartause Ittingen entdecken

Die Klosteranlage bietet zahlreiche Wege und stille Plätze, die zur Entdeckung einladen: der Kreuzgang, die Kreuzgärten zum Wandeln oder das Labyrinth, das zur eigenen geheimnisvollen Mitte führt. Bereits die Kartäusermönche pflegten liebevoll ihre Gärten. Und noch heute ist es ein Genuss, durch den Barockgarten, Mönchsgarten, Hopfengarten, Prioratsgarten oder den himmlisch duftenden Kräutergarten zu flanieren. Im Frühsommer zaubern 1000 Rosenstöcke, mit über 300 verschiedenen Rosensorten einen Blütenteppich.

Im Zentrum der Kartause befinden sich zwei Museen: das Kunstmuseum Thurgau, das mit einer hochkarätigen Sammlung und Wechselausstellungen einen Gegenpol zu den historischen Gebäuden setzt. Mit Werken unter anderem von Joseph Kosuth, Jenny Holzer und Jochen Gerz. Das Ittinger Museum thematisiert die Geschichte des Ortes und des Kartäuserordens. Wunderbar öffnen sich Einblicke in die Welt der strengen Ordensregeln der Kartäuser, die normalerweise verschlossen bleibt: die Arbeits- und Essräume, die charakteristisch kargen Mönchszellen, die Kreuzgänge, die Rituale. Die herrlichen Fresken der Rokokokirche erzählen vom heiligen Bruno, der den Kartäuserorden im Mittelalter gegründet hat. Im Jahr 1848 fand im Zuge der Aufhebung der Klöster im Thurgau die Kartäuser-Gemeinschaft in Ittingen ein Ende.

Wer die Stille des Ortes länger erfahren möchte oder sich nach Einsamkeit oder Gottes Nähe sehnt, kann hier für kürzere oder längere Zeit wohnen: auf den Spuren der Mönche oder als blumiger Wohlfühlaufenthalt. Ausserdem bietet das tecum, das Zentrum für Spiritualität, Bildung und Gemeindebau, Seminare an bzw. gibt Impulse für zeitgemässes spirituelles Leben. Wie es traditionell in Köstern üblich ist, bieten sie Schwächeren Unterstützung an – so auch in Ittingen, wo heute betreutes Wohnen und Arbeiten für psychisch oder geistig beeinträchtigte Frauen und Männer möglich ist.

Werfen Sie einen Blick in den Klosterladen. Hier gibts Spezialitäten aus eigener Produktion – vom Wein über Klosterschnäpse, Birnbrot, Konfitüre, Landjäger bis zum Klosterkäse. Die in der Gärtnerei gezogenen zahlreichen Gewürzkräuter, Heilpflanzen und Teesorten können ebenso im Lädeli gekauft werden – ganz in der Tradition der Klostermedizin.

Wer nun Hunger hat, kann im Restaurant «Zur Mühle» Kaffee und Kuchen geniessen. Dort imponiert das 1870 gebaute Mühlenrad mit einem Durchmesser von 8,70 Meter, das bis Mitte des 20. Jahrhunderts als Antrieb für die Getreidemühle diente. (Infos aus: Flyer Kartause Ittingen)

Autorin

Karin Breyer studierte Ethnologie und Literaturwissenschaft und arbeitet heute als freie Autorin und Lektorin. Sie wandert leidenschaftlich gerne auf Natur- und Kulturpfaden.

Fotonachweis

Alle Fotos stammen von der Autorin.
Ausser:
S. 14, 15, 17 Jura Tourisme
S. 85, 86 Morges Tourisme
S. 92, 94 Jean-Marc Falcy, Wanderleiter, Nature Escapade, Montreux
S. 110 Tourismus Eischoll, Josef-Heinrich Amacker
S. 128 oben Gambarogno Turismo
S. 150 unten Thurgau Tourismus
S. 159 Gert Schur, Hinterhorben

Abwechslungsreiche Wanderungen
zu Burgen und Schlössern

Dieses Buch enthält rund 20 Wanderungen zu Naturschönheiten, trutzigen Burgen und imposanten Schlössern. Die beschriebenen Routen bieten historische Höhepunkte und sind eine interessante Begegnung von Kultur und Natur.

Karin Breyer
Wandern mit dem GA und dem Halbtaxabonnement
Band 2: Burgen und Schlösser
152 Seiten, durchgehend farbig bebildert, kartoniert
CHF 29.80
ISBN 978-3-7245-1701-6

Winterwanderungen in den schönsten Schweizer Regionen

Wenn die ersten Schneeflocken fallen und die Landschaft sich allmählich in glitzernde Schneepracht verwandelt, schlägt wohl jedes Wanderherz höher. Dann heisst es: Raus in die Kälte, rein in die winterliche Stille und Schönheit. Ideen dafür bietet dieses Buch: Es stellt 21 gut markierte Routen vor, die etwa zwei- bis vierstündige Wanderungen versprechen. Entdecken Sie den Stazer Märchenwald, das vielgerühmte Sils Maria oder das puderzuckerweisse Maloja. Ein bisschen wie im Paradies fühlt man sich hoch oben im Engadiner Muottas Muragl, wenn der Blick in die schiere Winterweite gleiten darf. Ebenso Herrliches erwartet Sie im Berner Oberland, wenn Sie mit der Gondel hochschweben, ganz im Banne schneebemützter Gipfel, etwa dem Dreigestirn Eiger, Mönch und Jungfrau oder dem Niederhorn. Alle Wanderorte sind mit öffentlichen Verkehrsmitteln zu erreichen.

Karin Breyer
Wandern mit dem GA und dem Halbtaxabonnement
Band 3: Winterwanderungen
180 Seiten, durchgehend farbig bebildert, kartoniert
CHF 29.80
ISBN 978-3-7245-1771-9